「世界の特別ニーズ教育と社会開発」シリーズ 4

アジア・日本のインクルーシブ教育と福祉の課題

ベトナム・タイ・モンゴル・ネパール・カンボジア・日本

黒田 学
Manabu KURODA

THE COMPARATIVE STUDIES SERIES IN SPECIAL NEEDS EDUCATION AND SOCIAL DEVELOPMENT, VOLUME 4
Special Needs Education and Inclusive Education in Japan and Asian Countries

クリエイツかもがわ
CREATES KAMOGAWA

The Comparative Studies Series in Special Needs Education and Social Development, Volume 4
― Special Needs Education and Inclusive Education in Japan and Asian Countries ―
Edited by Manabu KURODA
JSPS KAKENHI, Grants-in-Aid for Scientific Research（A），Grant Number 23252010

刊行にあたって

　本研究叢書『世界の特別ニーズ教育と社会開発』（シリーズ全4巻）は、科学研究費補助金、基盤研究（A）「特別なニーズをもつ子どもへの教育・社会開発に関する比較研究」（JSPS科研費23252010、2011年度〜2015年度）の諸成果に基づいて刊行するものである。特別なニーズをもつ子ども（とりわけ知的障害を中心とする障害児）への教育および社会開発（福祉、医療、就労、社会参加）の動向と課題について、先進国と開発途上国（新興市場国含め）という「社会開発パラダイム」、アジア、ユーラシア・東欧、ラテンアメリカという「地域パラダイム」から、それぞれ調査を行い、国際比較研究を行っている。研究分担者は、社会学、教育学、心理学、経済学、歴史学、看護学など、様々な研究分野の専門家からなり、総合的かつ学際的研究にふさわしい布陣となっている。

　本研究は、経済的基盤の成熟度に応じて教育・社会開発が達成されるという基本的前提に立ちつつも、開発途上国において、EFA（「すべての人に教育を（Education for All）」を課題とする識字教育）は、貧困対策、児童対策の一環にとどまり、「特別なニーズをもつ子ども」への教育および社会開発の展開には、固有の多くの課題が存在することを考察している。

　機能障害をはじめ、経済的貧困や言語的・民族的・文化的困難のある「特別なニーズをもつ子ども」に対して、ノーマライゼーション理念を背景に、社会的に包摂するというインクルージョンは、現代の社会政策の主要な概念となっている。今日、世界では、特別ニーズ教育（Special Need Education, SNE）やインクルーシブ教育が精力的に取り組まれ一定の成果をあげている。

　国連・子どもの権利条約（1989年）や国連・障害者権利条約（2006年）における障害児の権利、特に障害児の教育を受ける権利の保障は、きわめて重要な条項のひとつであるとともに、インクルーシブ教育の実現によって、障害児の社会的排除や差別を克服することが国際的合意として目ざされている。

　EFAの達成が、経済的基盤の成熟度に応じてその実現がなされるという基本

的前提（先進諸国における EFA 達成という現状）に立ちつつも、「特別なニーズをもつ子ども」、とりわけ知的障害を中心とする障害児に対する教育・社会開発について、各国の法・制度、財政、産業構造、実施内容、専門家養成、子どものライフステージにしたがった諸課題を具体的かつ総合的に調査し、以下の諸点から検討している。

　第 1 に、先進国における EFA の達成に対して、開発途上国においては、なぜ EFA の達成が困難であるのか、その諸要因を明らかにすることである。第 2 に、特別なニーズをもつ子どもの実態および子ども観、教育・社会開発の課題について、対象地域の歴史的背景や地域的特性から明らかにする点である。第 3 に、EFA の達成および特別なニーズをもつ子どもへの施策実施には、教育分野と社会開発分野（具体的には、福祉、医療、就労、社会参加）の統合が実態的にも理論的にも重要であることを確認する点である。

　換言すれば、労働能力に制約のある障害児（特に知的発達に遅れのある知的障害児）への教育および社会開発は、なぜ、二義的な課題にすぎないのかを明らかにすることである。特に、開発途上国では、経済開発が優先され、産業構造の高度化（工業化）にリンクした高等教育が推進され、障害児教育・福祉（教員養成およびソーシャルワーカー養成含め）が主要政策に位置づけられていない点を考察している。また、1989 年のベルリンの壁崩壊後、1990 年代以降の世界は、ソ連邦の崩壊、東西冷戦体制の終結、欧州連合（EU）の発足とその拡大、「社会主義国」の市場経済化の進展など、体制転換による社会構造の大きな変化を見せている。新自由主義経済政策による貧困と格差の拡大、子どもの貧困、社会的弱者の生活苦と社会的排除が大きな社会問題となっている。体制転換とそのような社会問題の拡大を背景に、特別なニーズをもつ子どもへの教育と社会開発の動向を注視している。

　以上を踏まえ、本研究叢書は、特別なニーズをもつ子どもへの教育・社会開発の構築、EFA 達成に向けた施策の実現への課題について、アジア、ラテンアメリカ、ユーラシア・東欧等の各地域の動向と課題を調査し、比較検討することによって、インクルーシブ社会形成の新たな知見に迫り、特別なニーズをもつ子どもへの教育・社会開発に関する技術移植、制度移植の基礎資料となりうるものと考える。

＊　＊　＊

　本研究叢書、シリーズ第4巻『アジア・日本のインクルーシブ教育と福祉の課題―ベトナム、タイ、モンゴル、ネパール、日本』は、日本およびアジアにおける質的調査および文献資料を通じて得られた諸成果に基づいている。また、2012年12月には、国際シンポジウム「障害児教育・インクルーシブ教育の国際比較研究―ロシア、ドイツ、モンゴル、ベトナム」を開催し、モンゴルからはモンゴル師範大学のオドゲレル・ダンディ（Ms. Odgerel Dandii）さん、ベトナムからはハノイ師範大学のダオ・ティ・ビック・トゥーイ（Ms. Dao Thi Bich Thuy）さんにお越しいただいた（なお、トゥーイさんは当初来日予定であったベトナム教育科学院のグエン・ティ・ホアン・イエン（Ms. Nguyen Thi Hoang Yen）さんの代役として報告された）。お二人のご報告については、本書に掲載していないが、多くの示唆をいただき、本書に反映している。

　また、2016年3月には、シンポジウム「日本におけるインクルーシブ社会の構築と教育の課題―長野県飯田市の取り組みを通じて」を開催した。日本におけるインクルーシブ社会の構築と教育の推進を図る上で、長野県飯田市に焦点をあて、障害のある子どもたちのライフステージに沿った、教育、社会参加、まちづくりを推進する取り組みの現状と課題を検討した。

刊行にあたって　5

対象国選定の理由

　本研究は、アジア諸国の中でも、日本およびベトナム、タイ、モンゴル、ネパールというごく限られた国々を選定したに過ぎないが、アジアの開発途上国におけるインクルーシブ教育と福祉の課題を探り、日本との比較研究を試みたものである。ベトナム、タイ、モンゴル、ネパール、カンボジアは、本分野に関する日本における先行研究が乏しい国でもある。

　アジアにおける障害者施策は、国連アジア太平洋経済社会委員会（ESCAP: Economic and Social Commission for Asia the Pacific）「アジア太平洋障害者の十年（1993 〜 2002年）」の取り組み以降、着実な歩みを示している[1]。1981年「国際障害者年」に続く、「国連・障害者の十年（1983 〜 1992年）」最終年に、ESCAPは「アジア太平洋障害者の十年」を宣言した。この十年を通じて、アジア太平洋地域の諸国は、障害者の完全参加と平等を実現させるために継続的な取り組みを進め、アジア太平洋地域における障害者施策の独自の課題に、国際協力を通じて取り組んできた。

　2002年5月、ESCAP第58回総会で、「21世紀におけるアジア太平洋地域の障害者のためのインクルーシブで、バリアフリーな、かつ権利に基づく社会の促進」を採択し、その中で「十年（1993-2002年）」をさらに10年間延長し、「第2次十年」（the Asian and Pacific Decade of Disabled Persons, 1993-2002, for another decade, 2003-2012）を定めた。同年10月、最終年ハイレベル政府間会合が滋賀県大津市で開催され、アジア太平洋地域の障害者のための、インクルーシブで、バリアフリーな、かつ権利に基づく社会に向けた行動のための「びわこミレニアム・フレームワーク（BMF）」[2]が採択された。

　2012年には延長された「十年」の最終年を迎え、同年5月のESCAP総会でさらに10年の延長を定め、同年11月に最終レビュー・ハイレベル政府間会合が韓国の仁川（インチョン）で開催された。そこでは、BMFに代わる次の「十年」（2013 〜 2022年）の行動計画として「仁川戦略」（「貧困を削減し、雇用の機会を高める」「政治プロセスおよび政策決定への参加を促進すること」「障害のある子どもへの早期介入と早期教育を広めること」など10の目標）[3]が採択された。

　このようなアジアにおける障害者施策の動向に加え、2006年に国連総会で採択された障害者権利条約に対して、アジア諸国は、この10年にわたって、署名、

表 アジアの経済指標および教育指標　障害者権利条約の締約状況（1人あたりGNI順）

所得階層	国名	1人あたりGNI 米ドル (2014)	1人あたりGNI 購買力平価(PPP) 米ドル (2014)	国際貧困ライン1日1.90米ドル未満で暮らす割合 % (2009-2013)	GDPに占める教育支出の割合 % (2009-2013)	5歳未満児死亡率 % (2015)	幼児教育の出席率 % (2005-2014)	初等教育非就学率 % (2010-2013)	若者(15～24歳)の識字率 % (2009-2014) 男	若者(15～24歳)の識字率 % (2009-2014) 女	成人識字率 % (2009-2014)	署名年月日	障害者権利条約* R：批准 A：加入
先進国	シンガポール	55150	80720		3	3			100	100	96	2012年11月30日	R：2013年7月18日
先進国	日本	42000	37920		4	3		0				2007年9月28日	R：2014年1月20日
先進国	韓国	27090	34620		5	3		4				2007年3月30日	R：2008年12月11日
卒業移行国	マレーシア	11120	24770	0	6	7			98	98	93	2008年4月8日	R：2010年7月19日
卒業移行国	中国	7400	13170	11		11	84		100	100	95	2007年3月30日	R：2008年8月1日
中進国	タイ	5780	14870		5	12	68	4	97	97	96	2007年3月30日	R：2008年7月29日
中進国	モンゴル	4280	11120	0	5	22		4	98	99	98		A：2009年5月13日
中所得国	インドネシア	3630	10190	16	4	27	17	7	98	98	93	2007年3月30日	R：2011年11月30日
中所得国	フィリピン	3500	8450	13	3	28		3	97	98	95	2007年9月25日	R：2008年4月15日
低所得国	ベトナム	1890	5350	3	6	22	71	2	97	80	94	2007年10月22日	R：2015年2月5日
低所得国	ラオス	1660	5060	30	3	67	23	5	89	79	73	2008年1月15日	R：2009年9月25日
後発開発途上国 (LDC)	ミャンマー	1270				50	23	5	96	96	93		A：2011年12月7日
後発開発途上国 (LDC)	カンボジア	1020	3080	6	3	29	15	5	88	86	74	2007年10月1日	R：2012年12月20日
後発開発途上国 (LDC)	ネパール	730	2410	15	4	36	51	5	90	80	60	2008年1月3日	R：2010年5月7日

出所）ユニセフ「世界子供白書2016」(http://www.unicef.or.jp/sowc/data.html) および

*外務省ホームページ (http://www.mofa.go.jp/mofaj/fp/hr_ha/page22_002110.html) より筆者作成

注）各国の所得階層は、JICA「2016年度円借款主要国借款階層別分類」(2016年4月) に基づいており、卒業移行国は、中進国を超える所得水準の開発途上国をいう。
(https://www.jica.go.jp/activities/schemes/finance_co/about/standard/ku57pq00019p/76-att/reference_01_2016.pdf)

批准を進めてきた。アジア地域の独自の課題に対して、障害者権利条約にしたがってさらに積極的な施策の推進が期待され、各国は法的拘束力をもった国際的スタンダードへ挑戦しなくてはならない。

しかしながら、アジア地域は開発途上国が中心であり、経済的基盤の成熟度は低く、教育・社会開発の水準もまた低水準であり、先進国との格差は大きい。表に見られるように、経済力の高低によって、5歳未満児死亡率をはじめ初等教育の非就学率、識字率にも開きが見られる。特に、図のように、1人あたり

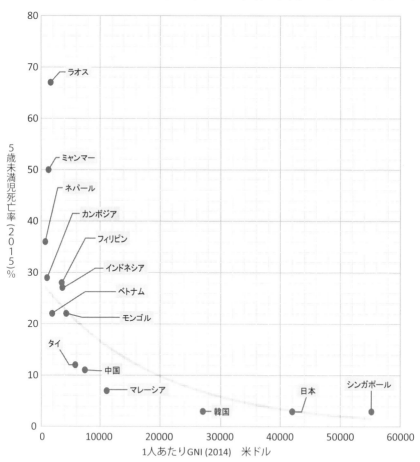

図　1人あたりGNI(2014)と5歳未満児死亡率(2015)の相関
出所）ユニセフ「世界子供白書2016」(http://www.unicef.or.jp/sowc/data.html)から筆者作成。

GNI（2014）と5歳未満児死亡率（2015）には一定の相関関係を見て取ることができる。経済的基盤の成熟度を高めることは、子どもの生命、生存を守ることに関わり、さらには障害のある子ども、特に重度障害のある子どもに対する医療、教育、福祉施策との関連性が高まることを予測できよう。しかしながら、冒頭でも述べたように、開発途上国では、経済開発が優先され、産業構造の高度化にリンクした高等教育が推進され、障害児教育・福祉が主要政策に位置づけられていないという矛盾が生じている。

また、識字率の向上、EFAの達成には、障害のある子どもの就学促進なしには考えられず、障害のある子どもの教育が障害のない子どもに比べて劣悪な就学状況に留まっているという指摘は当を得ている[4]。

本研究が対象国として取り上げたベトナム、タイ、モンゴル、ネパール、カンボジアは次のような特徴をもつ。

ベトナムは、1986年の「ドイモイ（刷新）政策」により、市場経済化と対外開放による経済成長を遂げ、初等教育の保障とEFAを向上させてきた。1990年代には、ベトナム社会主義共和国憲法の大幅改正（1992年）、障害者法令（1998年）および関連政令（1999年）等が制定され、障害者の権利保障が体系化されてきた。障害者権利条約を2015年2月に批准し、国内法の整備として、障害者法を2010年に制定しているが、法制度の整備と就学実態には大きな隔たりがある。また、インクルーシブ教育推進に向けていくつかの課題に直面している。障害者雇用についても、その実施状況はきわめて厳しい。現地調査は、ベトナムのインクルーシブ教育および障害者雇用の実情を考察し報告している。

タイは、1990年、EFA世界会議の開催地であり、すべての人に基礎教育を提供することを国際的な目標として掲げ、世界に発信してきた国の一つである。タイにおける障害児教育は、アジアの中でも相対的に評価が高く、憲法等での障害者の権利が明記されている。2008年に「障害者教育法」が制定され、教育機会の促進と職業教育の保障が定められているが、インクルーシブ教育の達成には、アクセスの欠如や農村部での困難さ、学校における合理的配慮の不足といった重要な課題が指摘されている。現地調査は、バンコク市内を対象にしたものであるが、タイの障害者教育の実情を考察し報告している。

モンゴルでは、障害児教育は、1964年に視覚・聴覚障害児特別学校が設立さ

れ、1967年に知的障害児特別学校が設立されたのが始まりであるが、障害児の就学は現状でも厳しい。教育省特別教育担当者へのインタビューによれば、モンゴルの障害児は、2万4000人と推計され、就学状況は、幼・小・中・高あわせて1万8000人（内2300人は特別学校に、1万5000人は通常学校に通学）であり、6000人程度が不就学の様相である。社会主義時代（1957年〜1990年）に、旧ソ連、東欧諸国で、障害者教育を学んだ大学研究者が教員養成を担ってきたが、定年退職の年齢を迎え、後継者養成が課題となっている。

　ネパールでは、障害児教育の歴史は、1964年に、政府がカトマンズに盲児童を対象に特別教育を開始したことに始まる。1981年の国際障害者年には、労働・社会福祉省が設置され、障害者政策が開始され、1996年の特別教育政策は、社会的弱者全般に対応して実施することし、2001年にはEFAの視点から国民行動プランが開始された。2010年5月に、障害者権利条約を批准したことから、国際的基準に即した障害者施策の方向性が明確になっている。本研究の現地調査は、2015年のネパール大地震の半年前に行ったものであるが、高齢者施設を含め、ネパールの施策の実情を考察し報告している。

　カンボジアは、この半世紀、ベトナム戦争、その後のポル・ポト派の支配（1975-1979年）、つづく長い内戦（1979年から1991年パリ和平協定締結まで）によって不安定な社会を強いられ、障害児教育の進展には多くの課題を抱えている。しかしながら、カンボジアは、2012年12月、障害者権利条約を批准し、2016年9月には教育省内に特別教育課を設置し、これまでの先進国支援を軸とした障害児教育から公的責任による整備へと展開しつつある。現地調査は、首都プノンペンおよび周辺地域における学校、施設、関係機関に対するインタビュー調査に基づき考察している。

障害者権利条約時代のアジアと日本の課題

　日本においては、2014年に障害者権利条約を批准し、条約に沿った積極的な障害者施策の推進が問われている。本巻では、特別支援教育・インクルーシブ教育の動向をはじめ、最近の通常学級の実態、発達障害児の教育、大学における障害学生支援、重度障害・医療的ケアについて、さらに、生活自立と社会参加に関わっての移行教育・修学年限延長問題、障害者のアクセシビリティにつ

いて、それぞれ諸課題を検討している。

　本巻を通じて、日本を含めたアジア地域の各国が障害者権利条約の思想や各条項をどのように現実のものとして達成させていくのか、その変化の兆しと諸課題を提示できればと考える。

　本書は、シリーズ最終巻として、アジア各国と日本のインクルーシブ教育と福祉の課題を検討しているが、第1巻〜第3巻でとりあげたヨーロッパおよびロシア、ラテンアメリカにおける障害者施策、特別なニーズをもつ子どもへの教育と社会開発の動向とあわせて、読者諸氏の忌憚のないご意見を頂戴できれば幸甚である。

2017年6月

編者・研究代表者　黒田 学

【注】

1）国連アジア太平洋経済社会委員会（ESCAP）とは、Economic and Social Commission for Asia and the Pacificの略である。アジア太平洋地域は、西をイラン、トルコ、東はクック島などのオセアニアを範囲とし、62か国・地域によって構成されている（http://www.unescap.org/）。

2）Biwako Millennium Framework（BMF）, 2002
（http://www.un.org/ga/search/view_doc.asp?symbol=E/ESCAP/APDDP/4/REV.1）.

3）Incheon Strategy to "Make the Right Real" for Persons with Disabilities in Asia and the Pacific, 2012.
（http://www.unescap.org/sites/default/files/Incheon%20Strategy%20%28English%29.pdf）
　なお、仁川戦略の日本語訳は、障害保健福祉研究情報システム（DINF）のホームページにあるので参照されたい（http://www.unescap.org/sites/default/files/Incheon）。

4）黒田一雄「障害児とEFA―インクルーシブ教育の課題と可能性」小川啓一、西村幹子、北村友人編著『国際教育開発の再検討―途上国の基礎教育普及に向けて』東信堂、2008年、pp.214-216ページ。

「世界の特別ニーズ教育と社会開発」シリーズ4
アジア・日本のインクルーシブ教育と福祉の課題
——ベトナム・タイ・モンゴル・ネパール・カンボジア・日本
もくじ

刊行にあたって　……3

アジア

調査報告①　ベトナムの障害者教育・福祉の実情と課題
　　　　　　黒田 学、武分祥子、小西 豊　　　　……16

調査報告②　ベトナムにおける障害者の自立生活と
　　　　　　コミュニケーションスキルの教育
　　　　　　——インクルーシブ社会の構築と課題
　　　　　　ディン・グエン・チャン・トゥ（Dinh Nguyen Trang Thu）
　　　　　　翻訳　黒田 学　　　　……31

調査報告③　タイ・バンコクの障害児教育の実情と課題
　　　　　　黒田 学、向井啓二、仲 春奈　　　　……39

調査報告④　モンゴル・ウランバートルにおける
　　　　　　障害児教育の実情
　　　　　　向井啓二　　　　……49

調査報告⑤　ネパール・カトマンズ市と
　　　　　　周辺地域の障害児教育施設・高齢者施設・
　　　　　　病院の実情
　　　　　　向井啓二、武分祥子　　　　……66

調査報告⑥　カンボジアの障害児教育の実情と課題
　　　　　　間々田和彦、黒田 学　　　　……80

|日本|

原著① **インクルーシブ教育・特別支援教育の動向と課題**
清水貞夫　　　　　　　　　……92

原著② **通常学級におけるインクルーシブ教育**
——通常学級教育の実態とインクルーシブ教育の実践的課題
石垣雅也・窪島 務　　　　　……105

原著③ **高等教育・大学における発達障害学生支援**
藤井克美　　　　　　　　　……113

原著④ **重複ケア・医療的ケアの役割と教育**
田村和宏、武分祥子　　　　　……126

原著⑤ **移行期教育と教育年限の延長**
坂井清泰　　　　　　　　　……140

原著⑥ **障害者のアクセシビリティ**
——誰もが移動しやすい交通環境とは？
野村 実　　　　　　　　　……153

報　告　**飯田市のインクルーシブ教育**
——飯田シンポジウムからの学び
一井 崇　　　　　　　　　……167

総合考察　**アジア・日本における障害者の尊厳性の確保と
インクルーシブ社会構築に向けた課題**
黒田学　……179

アジア

調査報告①

ベトナムの
障害者教育・福祉の実情と課題

黒田 学、武分祥子、小西 豊

はじめに

　本調査報告は、特別なニーズをもつ子ども（特に知的障害児）への教育および社会開発の動向と課題について比較検討を行うことを目的にして、ベトナムの首都ハノイの障害者教育・福祉の実情について、特別学校等教育関係機関、社会組織、事業所等に対する訪問調査に基づき検討するものである[1]。

　ベトナムでは、1986年からの「ドイモイ（刷新）政策」により、市場経済化と対外開放による着実な経済成長を遂げ、それを背景に初等教育の保障とEFA（「すべての人に教育を」）を向上させてきた。1990年代には、ベトナム社会主義共和国憲法が大幅改正（1992年）されたのをはじめ、障害者法令（1998年）および関連政令（1999年）、社会救済政策に関する政令（2000年）、教育法（1998年）、労働法典（1994年）等が制定され、生活権、教育権、労働権にわたる障害者の権利保障が体系化されてきた。

　また、ベトナムは、障害者権利条約を2007年10月に署名、2015年2月に批准した。国内法の整備として、障害者法を2010年に制定しているが、障害児の就学率は40％パーセント程度と見なみなされており[2]、法制度の整備と就学実態には大きな隔たりがある。障害者の雇用については、先の労働法典（2012年改定）において規定されているが、その実施状況はきわめて厳しい。2012年の「障害者支援のための国家戦略計画（2012-2020年）」には、25万人の障害者雇用と職業訓練を行うことを目標としている。2006年の職業訓練法において

も、障害者の職業訓練の組織化が示されている[3]。

本調査では、ベトナムにおける障害者教育・福祉について、障害者雇用を含めてその実施状況を把握し検討している。なお本稿は、「はじめに」と「1」「おわりに」を黒田が、「2」を武分が、「3」を小西がそれぞれ分担執筆し、黒田が全体をとりまとめている。

1　ベトナムの障害者教育・インクルーシブ教育事情

ベトナムでの障害者教育は、フランスによる植民地支配の下、1866年にカトリック修道院によって設立された聾教室がその始まりと言われるが、南北統一後、1976年、現在のベトナム社会主義共和国の成立によって、盲学校、聾学校等の特別学校が増設され、特別学校は、1991年に36校、2012年には107校が開設されている。

「2001～2010年 教育発展戦略についての首相決定」（2001年12月）において、障害児への教育施策の方向性が定められた。インクルーシブ教育（通常学校）、セミ・インクルーシブ教育（特別学級）、特別教育（特別学校）の3つの形態の1つひとつによって学習の機会を増やし、障害児の就学率を2005年までに50％、2010年までに70％にさせることを目標にしてきた。しかしながら、先述のように就学率は40％程度と見なされ、その目標は未達成である。

2011年の「2011年～2020年インクルーシブ教育発展戦略」では、障害者

表1　ベトナムにおける特別学校とインクルーシブ学校の生徒数の推移　　（単位：人）

年	特別学校	インクルーシブ学校	計
1996	6,000	36,000	42,000
1998	6,332	47,332	53,664
2000	6,664	58,664	65,328
2002	7,000	70,000	77,000
2004	7,500	222,164	229,664
2008	8,700	469,800	478,500

（出所）Nguyen Thi Hoang Yen. Outline of Special Education and Inclusive Education VIETNAM, 2012. を元に黒田邦訳の上作成。

法などに見みられる障害者教育の普及、障害者教育教員の養成，人材育成の展開、インクルーシブ教育を展開するための法的整備などが示されている[4]。さらに、2012年の「障害者施策国家行動計画」においても、すべての障害児の就学をインクルーシブ教育の推進によって達成することが示されている[5]。

表1は、ベトナムにおける特別学校とインクルーシブ学校の生徒数の推移を示したものである。

また、2010年の障害者法は、全10章53条から構成され、障害者の権利保障と施策の全般を示すものである。教育に関しては、第4章（第27～31条）に定められている。なかでも、第31条にはインクルーシブ教育発達支援センターの設置が規定されており、同センターが、学習プログラム、学習設備、教育相談、サービスの供給、障害者の環境や障害特性に応じた教育の組織を図るとし、障害の発見と早期介入をはじめ、地域のインクルーシブ教育の拠点となることが方向づけられている。

例えば、ホーチミン市のインクルーシブ教育発達支援センターは、1989年にホーチミン市教育局によって設立されたホーチミン市障害児教育研究センターを前身としており、同センターの名称は障害者法の制定前に現在の名称に改名された。同センターは、ベトナムにおける障害者教育研究の先駆的な機関であり、ハノイ師範大学特別教育学部やホーチミン市師範大学特別教育学部が設立されるまで、障害者教育の教員養成、研修機関としての役割も担っていた。現在は、インクルーシブ教育発達支援センターとして、早期介入や障害者教育、特別学校の拠点として、管轄地域の3千人の障害のある子どもへの支援を行い、通常学校への支援等を精力的に行っている。

また、ダナン市のインクルーシブ教育発達支援センターは、障害者法にしたがって、2011年に、同市にあるグエン・ディエン・チュー盲学校（現・特別学校）の敷地内に開設された。同センターは、ダナン市におけるインクルーシブ教育の拠点として、同市教育局と連携して、市内の幼稚園での障害の早期発見、小学校への支援、IEP（個別教育計画）の作成と活用等、積極的な支援を行っている。

その他、ビンロン省のインクルーシブ教育発達支援センターでは、センターの開設と早期介入の取り組みによって、障害児の就学率が30％から60％へと倍増したという。またニントァン省の同センターでは、この8か月間で22人の就学

前の子どもたちに早期教育を行い、就学支援が成功していると報告されている[6]。

しかし、インクルーシブ教育発達支援センターは、2016年11月現在、全国（58省と5中央直轄市）に合計10か所しか設置されていない。インクルーシブ教育の推進拠点というにはほど遠い現状であり、地域的格差が生じているといえよう。例えば、同じ東南アジアのタイでは、首都バンコクに同様の機能を備えた特別教育センターが13か所設置されている点（2011年9月調査時）を参照すれば、その困難さが想像できる[7]。

また、教育訓練省の関係者の報告によれば、既存の特別学校を廃止して、インクルーシブ教育発達支援センターの設置に転換させることが提起されている。クアンガイ省では、同省に唯一の特別学校を廃止して、同センターに転換した[8]。さらに、教育訓練省は、インクルーシブ教育を通常学校での教育とするために、障害者のための「特別な」教育施設（早期介入センター）を廃止する方向を打ち出し、各施設が廃止を打診されているという[9]。

以上のように、障害者教育の法律や制度が定められ、国家的な計画が提起されてきたが、インクルーシブ教育の推進をめぐっては、特別学校や特別な教育施設の廃止、インクルーシブ教育発達支援センターへの転換等、ある種の混乱が生じているようだ。また具体的な施策の推進や対策は各地方行政に委ねられているため、各地方行政は法制度に基づいてインクルーシブ教育を進めようとしているが、その実態には格差が生じている。経済成長に起因する経済格差と同様に、インクルーシブ教育の実現にも地域的な格差があるといえよう。

2　ハノイ赤十字社の障害者支援と特別学校

本節では、ベトナムにおける赤十字社が取り組む障害児・者（枯れ葉剤被害者含む）への人道的支援活動の実態とベトナム社会における障害者福祉の課題を、首都ハノイおよび郊外で活動するハノイ赤十字社を調査対象にして検討している。なお、本稿は、2013年～2014年、2015年の調査および2016年の調査に基づいてまとめたものである[10]。

(1) ハノイ赤十字社の障害者支援

　2013年および2014年の調査においてハノイ赤十字社副社長によれば、ハノイ赤十字社は、救助、社会福祉、医療、障害児教育を活動内容としており、障害児・者分野においては5つの施設（①ニャンティン特別学校、②ヒーボン特別学校、③タンチ教育センター、④ドンアイ教育センター、⑤ソクソン教育センター）を主に支援している。

　ハノイ赤十字社が支援している③～⑤の施設のある自治体では100人余が、伝統的な菓子づくりや線香づくりなどを通して、職業訓練を受けている。6か月の職業訓練中には障害児・者一人当たり60万ドンの支援を受け、商品売上は個人の収入となる。職業訓練だけでなく、自分たちの法律規定についても学びながら権利意識を高めている。障害児・者らは、家族と生活しながら施設やセンターに通っており、特に貧しい家庭では、労働での収入の他に社会福祉省の補助金を受けて生活をしている。

　以上のようにハノイ赤十字社は、国が介入していない施設を中心に活動を展開している。そのため、ハノイ赤十字社の社員は、民間企業や団体、民間人に対して、支援を希望している施設への援助（資金、物資）を呼びかけている。加えて、障害者教育などの専門知識を活用して、施設職員や障害児の教育的側面でも支援を展開している。

(2) 2つの特別学校の現状

①ニャンティン特別学校

　2013年8月および2014年2月の調査において校長らによれば、この学校は1991年に私立学校としてスタートし、クラスは3～7歳が2つ、小学校1～4年生が4つ、新たに自閉症と発達障害のクラス、2歳児のクラスも加わり生徒数は65人程度であった。赤十字や支援団体より寄付を受けているが経営は困難である。民間の旅行会社等からの寄付による奨学金の制度も設けられており、奨学金授与の選考基準は生徒の経済的な負担度とされていた。子どもたちの保護者には仕事があり、学校のイベントには参加できない現状にあった。学校は店や住宅が密集した狭い通りにあり、大きな住宅をリフォームし中庭をイベン

トなどに活用していた。昼食は簡単なものを学校で手作りして子どもたちに提供していた。子どもたちは卒業後、ミシンでの縫製、理髪、土産物作りなどをして生活をしているという。とくに11月20日は「先生の日」で、学校に卒業生が集まり、その場で仕事の紹介もしている。

　この特別学校の教員は師範短大・師範大学を卒業した者、特別教育の卒業生20人ほどで構成されている。授業は少人数で行われており、それぞれの子どもに細やかな対応ができるよう配慮している様子が伺えた。校長は、子どもたちには最低限「読む、書く、数える」を習得してもらい、自分のことは自分で行えるように教育していくことをめざしたいと話された。

　2015年8月の調査時には、この学校は25周年を迎え、全員師範の資格を保有する教員のもとで67人の子どもたちが学んでいた。とくに自閉症クラスの教育に個別カリキュラムを取り入れるなど新たな取り組みが始まっていた。

　そして2016年11月の調査時には、校長および副校長は、2015年調査時との変更点として2点について話された。1点目はハノイ市周辺の人口増に伴い、この学校の生徒数が85人と増加したことであった。2点目は聴覚障害の子どもに対する個別教育のクラスがスタートしたことであった。これにはベトナムの民間企業からの補聴器提供が大きく影響していることが推察された。

②ヒーボン特別学校

　2013年8月および2014年2月の調査において、本校校長および教員らに協力いただいた。本校は2004年ロンビエン区に設立し、2006年7月より人民委員会教育訓練局の指導のもとで体制が整備され、人民委員会とハノイ赤十字双方の指導・支援を受けて、障害児教育の専門家を育成する中心的な学校である。

　2013年8月の調査時において、生徒数は6〜16歳で70人、6クラスの通学制であった。教員は17人で若い女性が多く、1クラスに2人程度の教員が関わり、さらに音楽や美術の専門家が介入していた。ハノイ師範大学から障害児教育の専門家や学生がかかわり、教育プログラムが開発されている。この学校は大通りに面して大きな門と広い校庭をもっている。建物もコンクリート造で頑丈な立派なものであり、教室内は明るくパソコンや教材なども多様であった。後期スタートの前日にもかかわらず、生徒たちは、夏休みで遊びに来た教員の

子どもたちと一緒にダンスをしたり、遊んだり、お菓子を食べたりして過ごしていた。ある教員は、大学卒業後より長年ここに勤務しており、これからもずっとここで勤務したいと語った。2015年8月の調査時には、本館の増築をしておりさらに教室を増やしている最中であった。学校の隣接地域にも構想ビルが建設中であり、周辺地域の急激な人口増が予見された。

(3)障害者支援の課題

①赤十字社の先駆的支援

ニャンティン特別学校の校舎

調査から、ニャンティン特別学校のような私立の施設は経営が困難であり、財政難の施設中心にハノイ赤十字社が支援介入していることが明らかになった。ベトナムの障害児教育について、黒田は「ベトナムにおける就学保障は不十分な実態であると指摘せざるを得ない」と、法制度および複数の自治体調査から明らかにしている[11]。このことからも、ベトナムの障害児教育における赤十字の活動は、国の支援が行き届かない施設を中心に介入している先駆的活動として意義あるものであると評価できる。

②将来に向けた教育的支援

特別学校では、社会に出た時に困らないように、生きていけるようにという思いで職員や支援者は教育にあたっていた。障害をもつ子どもたちに対しての赤十字社のこうした草の根の支援は、教育環境の改善や子どもたちの進路に深く貢献している。小池は「識字率や計算能力がないこと自体が、その人間からありとあらゆる社会参画の機会を奪う」ことになり、「『困窮』がもたらす運命を変えることは、教育を受けることでしか、改善できない」と述べている[12]。したがって、ハノイ赤十字社の活動は障害をもつ子どもたちのために教育の機会を保障した人道的支援であり、さらに将来をも見据えた活動といえる。

現在ハノイでは、より貧困な状態にある障害者への支援が求められており、民間活力の導入を一層進めるなど、多岐にわたるネットワークをもつ赤十字社の役割や工夫が大いに期待される。今後、さらに地域での支援に必要な保健・医療・福祉などの専門的な知識・技術を備えた若手の人材の採用・育成や、各専門職の協働が臨まれると考える。

3　ベトナムにおける社会的企業の胎動

ベトナムにおける障害者雇用を促進するための法制度としては、障害者法（2010年）ならびに改正労働法典（2012年）をあげることができる[13]。しかしながら、ベトナムでは障害者雇用に関する法制度は存在しても、法が執行されない現実がある。制度は利害と利害の均衡点で成立しているものであり、法律を制定してからといって、すぐに制度は機能しないのである[14]。

本節では、ハノイ経営技術大学経営開発研究所において実施したベトナム人研究者へのヒアリング調査[15]と2つの社会的企業へのインタビュー調査[16]を踏まえて、ベトナムにおける障害者雇用の現状と課題について考察していきたい。

(1)ベトナムにおける障害者雇用の現状認識

2010年、ハノイには約90,000人の障害者が暮らしており、そのうち有職者は11,700人（全障害者の13.14％）にすぎない。労働能力がありながら仕事のない者は約13,900人（全障害者の15.56％）という数字がある[17]。

ハノイ経営技術大学経営開発研究所所長によると、ベトナムの障害者雇用の現状は以下の5点の特徴がある。つまり、第1にベトナム企業の98％は中小企業であり、CSRの認識も低く、障害者の雇用もしていないこと、第2に障害者雇用に関する法制度もあるが、具体的に法が適用されていることはなく、障害者雇用法制は使われることのないルールに過ぎないこと、第3に農村部では小さな企業が多いので、そこでは障害者が雇われることはなく、都市部であっても高い失業率の影響で、障害者よりも健常者の雇用の方が優先的課題とされていること、第4にベトナム企業は雇用ではなく、障害者に対して寄付という形

で対応していること、第5に政府の障害者雇用に関する関心は非常に低いこと、の5点である。

同所長はハノイ経営技術大学には工学部もあるので、新しいテクノロジーと障害者を結びつけて、障害者の生活をよりよいものにしていくことを研究テーマにしたいと語っておられたが、知的障害者や重複障害者の雇用という段階にはまだかなりの距離があるようである。

(2) 社会的企業のとりくみ

① Kymviet

Kymvietは2013年12月に肢体障害のある社長ら3人の障害者と2人の健常者によって創設した社会的企業である。事業内容は障害者による手作りのぬいぐるみの生産を行っている[18]。

Kymvietのミッションは以下の3点である。つまり、第1に労働能力をもつ障害者のために仕事を創出し、障害者の生活水準を改善し、障害者の社会統合を実現すること、第2に需要に応じた使いやすく美的センスあふれる手作り製品を社会に提供すること、第3に伝統的なベトナムの価値を国内外に普及するため、製品それぞれに人間性とベトナムの文化価値を盛り込むこと、の3つのミッションを掲げている[19]。また、Kymvietの製品は、顧客に商品を慈善で購入してもらうのではなく、プロのデザイナー（ボランティア）によるデザインなど、品質で勝負している。顧客からの商品クレームもない。

社長は以前、工業部品の販売会社で営業マンとして働き、一般就労の経験をもっているが、障害者のための働く場や仕事を自ら創出したいという思いから起業された。起業を決意したのは次のような4つの理由からである。つまり、第1にベトナムでは一般の失業率が高く障害者が一般就労するのは厳しい状況にあること、第2に障害者雇用法制や政策文書は存在してもそれが実行されないこと、第3に障害者手当は低く、障害者証明書を取得しても月に20万ドンから50万ドンしかないこと[20]、第4に障害児教育や職業訓練が就労に結びついていない現実があるからである。

現在、Kymvietの従業員は17人（その内訳は健常者4人、障害者13人）であ

る。障害者のうち、聴覚障害者は8人、身体障害者は3人、知的障害者は2人という構成である。縫製作業が中心であるためか視覚障害者は働いていない。また、従業員の最終学歴は大学卒業が4人、特別学校が10人、普通学校が3人である。前節で言及したニャンティン特別学校の

kymvietの製品

卒業生8人、サダン聾学校の卒業生2人が働いており、特別教育から就労への移行教育のひとつのケースをここに見出すことができる。

　従業員は8時間労働制で、賃金はベトナムの平均賃金と最低賃金のあいだのレベルである。従業員には昼食、宿舎、交通費、年末手当、慰安旅行などを提供している。

　起業して以来、行政からの支援もなく生産設備や資金不足に悩まされ続けてきたが、今年からようやく経営基盤が安定してきた。現在、月に2500から3000の商品生産をしているが、現状の作業場は手狭で注文に生産が追いつかない状況である。今年度は3人の障害者を雇用することを目標としている。製品はノイバイ空港の売店をはじめとする10の提携先で販売されている。また、大手企業のビン・グループとの業務提携も始めようとしている。

　Kymvietは、通常学校、特別学校で学ぶ子どもたちとの共同学習の場も提供している。商品づくりの現場を子どもたちが訪ね、働くことの意味を学習している。また、ハノイ市のベトナム物産博覧会を訪ねた際、Kymvietの販売ブースで、ベトナム国家経済大学ビジネスマネジメント学部でビジネス倫理を学ぶ学生たちが、ボランティア活動を行っていた[21]。Kymvietは事業規模こそ小さいが、ハノイにおける社会的企業の意義を学ぶ場として、自ら情報を発信し、活動を共有する社会的な機能を果たしている。

② Imagtor

　ImagtorはIT技術によるデジタル画像加工・修正サービス、ウェブ・デザイン、グラフィック・デザイン、Eコマースなどを事業としている社会的企業である。社名の由来はimageとeditorの造語であり、2016年3月に現在の社名で設立さ

れた[22]。

　枯葉剤の影響で障害のある社長の兄（故人）が2003年にベトナム中部ゲアン州で始めたNPOのThe Will To Love Center[23]と提携し、これまで800人の障害者や貧困にあえぐ若者にIT技術や生活スキル、英語コミュニケーション力の養成を無償で提供し、その80％が就業している[24]。

　Imagtorは質の高いサービスを顧客に提供し、ビジネスで獲得した利益をThe Will To Love Centerに還元し、障害者や貧困な若者に対するITスキル養成を行っている。センターでスキルを学ぶ学生たちの費用はすべて無償である。また、センターで働くスタッフの賃金は月額50〜80万ドンである。

　現在の従業員数は16人で、そのうち10人が肢体障害のある人たちで、6人が健常者だが貧困な人たちである。従業員の最終学歴は、大学4人、短期大学1人、専門学校10人、特別学校1人である。現在、20人の新規従業員を募集しており、2016年12月からの総従業員数は36人になる予定である。社長によると、女性の障害者を優先的に雇用する採用方針をもっており、今回の新規採用も半数以上が女性障害者である。

　また、職業訓練を就労に結びつけるために、顧客のニーズに応じたITスキル開発を実践している。また、障害者や不利な立場にいる人たちの雇用機会を創出（ミッション）するためには、業界内において実力主義で勝負するとのことであった。

　顧客の90％はデンマーク企業のベトナム支社からのものである。10％がベトナム企業からのオーダーであるが、ドイツ、日本からの発注もある。

　デンマーク企業には海外支社においても法定雇用率12％を遵守する義務があるため、このセンターで養成された障害者を積極的に雇用し、サービスをオーダーしているのである。ベトナムで北欧の福祉水準の高さを改めて知ることになったわけである。

　現在のベトナムには障害者に対する雇用法制と雇用政策、雇用に向けたアイデアなどは存在しているが、働く意思のある障害者たちは政府に多くを期待していないのが実情である。本節では、ハノイにおける障害者による障害者のための2つの企業を紹介したが、これらの事例は、今後のベトナムにおける障害者雇用の展望を見いだす上での糸口となるものと考える。

おわりに

　本調査報告では、ベトナムにおける障害者教育・福祉について、障害者雇用を含めてその実施状況を把握し検討してきた。ベトナム社会は急速な経済成長により、首都ハノイの建設ラッシュ、外資系企業の進出など大きな変貌を見せている。他方で、バイクや自家用車の増大による交通渋滞や交通事故、大気汚染、所得の格差拡大、都市と農村との生活格差などの社会問題が深刻な様相である。障害のある子どもたちの全員就学が未だに果たせない状況にあり、EFAの課題を残しつつ、障害者権利条約に沿ってインクルーシブ教育の推進を掲げる中でのある種の混乱が見受けられる。

　さらに、障害者の雇用や社会参加という点では、ほとんど手つかずの状態といってもよいだろう。障害者の雇用は、肢体障害者や聴覚障害者については、本報告で紹介するような先駆的な起業も見られるが、知的障害者の場合は困難な様相である。また、ハノイ赤十字社のような民間非営利組織は、国が介入していない施設の支援を行い、草の根支援、ネットワークの形成を図りながら、障害者支援を行っている点が、障害者施策の新たな展開につながることに期待したい。

　ベトナムが障害者権利条約の諸条項にしたがって、障害者の基本的権利を保障するための諸施策を展開し、合理的配慮に基づいたインクルーシブ社会の構築に向けて、ダイナミックな社会改革を展開することが課題である。

【注】
1) 本研究は、科学研究費補助金「特別なニーズをもつ子どもへの教育・社会開発に関する比較研究」（基盤研究（A）、課題番号23252010、2011年度～2015年度、研究代表者：黒田学）に基づいて、特別なニーズをもつ子ども（特に知的障害児）への教育および社会開発の動向と課題について、比較検討を行うことを目的としている。本調査報告の中心は、黒田学、武分祥子、小西豊の3人による共同研究として、2015年8月23日～27日に、ハノイで行ったものである。ただし、本稿の「2」におけるハノイ赤十字社、ニャンティン特別学校、ヒーボン特別学校の調査については、2013年8月26日～29日と2014年2月20日～21日に、武分が単独で行った調査結果を整理している。2016年

11月21日〜22日には、黒田学、武分祥子、小西豊、野村実による補足調査を行っている。また、黒田学は、立命館大学学外研究制度により、2016年9月10日より6か月間、ハノイに滞在し、ハノイ師範大学特別教育学部を拠点に研究を進め、現地で開催された各種会議への出席と報告、関係機関への訪問、インタビュー調査を行っており、その研究成果の一部を本稿に反映させている。なお、インタビューでは、日本語・ベトナム語の通訳を依頼し、あわせて英語を部分的に使用した。また、本稿「1」では、ベトナムにおける障害者教育・インクルーシブ教育事情に関して記載しているが、黒田学「ベトナムの障害者教育法制と就学実態」小林昌之編『アジアの障害者教育法制―インクルーシブ教育実現の課題』アジア経済研究所、2015年、を元に再編し、加筆している。

2）チャン・ディン・トゥアン、グエン・スアン・ハイ「ベトナムにおける障害児教育」日本ベトナム友好障害児教育・福祉セミナー実行委員会編『早期介入と就学保障』文理閣、2011年、pp.78-89.

3）Inclusion of People with Disabilities in Viet Nam, ILO, 2013.
（http://www.ilo.org/wcmsp 5 /groups/public/@ed_emp/@ifp_skills/documents/publication/wcms_112407.pdf、2016年10月31日閲覧）

4）「2011年〜2020年インクルーシブ教育発展戦略」についての記載は、教育訓練省の報告に基づいている。黒田学「ベトナムの障害児教育の動向と課題―ハノイ師範大学障害児教育学部開設10周年記念式典および研究会議（2011年）を踏まえて」日本ベトナム友好障害児教育・福祉セミナー実行委員会編『早期介入と就学保障』文理閣、2011年、pp.70-73.

5）"The National Action Plan to Support People with Disabilities for 2012-2020" in 2012. 出所は、前掲3）に同じ。

6）「インクルーシブ教育発達支援センターの確立と組織運営のために」ハノイ師範大学特別教育学部主催（国際NGOであるCBMの後援）の会議（2016年10月17〜18日、於：クアンガイ省教育局）における報告。

7）黒田学、向井啓二、仲春奈「タイ・バンコクの障害児教育の実情と課題」（本書、所収）。

8）前掲6）に同じ。なお、会議の後、同年11月、クアンガイ省では、同省唯一の特別学校をインクルーシブ教育発達支援センターに改組した。

9）ハノイ市内の教育関係者に対するインタビュー調査に基づくが、回答者のプライバシー保護の観点から、ここでは所属・氏名は公表しない（調査日は2016年11月23日）。

10）本節は、武分による公益財団法人三島海雲記念財団研究報告書『平成26年度（第51号）』および「ベトナムでの赤十字社の障害児・者支援活動に関する調査研究」飯田女子短期大学紀要、第32集、pp.171-178、2015年の内容をもとに加筆、修正したものである。なお、2013-2014年の調査は公益財団法人三島海雲記念財団による助成金、

2015年の調査は、JSPS科学研究費補助金「特別なニーズをもつ子どもへの教育・社会開発に関する比較研究」（基盤研究（A）、課題番号23252010、2011年度〜2015年度、研究代表者：黒田学）、2016年8月の調査は、JSPS科学研究費補助金「ベトナムの障害者支援における専門職の協働」（基盤研究C）、課題番号16K04044、2016年度〜2018年度、研究代表者：武分祥子）にそれぞれ基づき実施したものである。

11）黒田学「ベトナムの障害者教育法制と就学実態」小林昌之編『アジアの障害者教育法制－インクルーシブ教育実現の課題』アジア経済研究所、2015年、p.183.

12）小池政行『「赤十字」とは何か』藤原書店、2010年、pp.183-184。

13）ベトナムの障害者雇用法制に関して検討した先行研究としては、斉藤善久「ベトナムの障害者雇用法制」小林昌之編『開発途上国の障害者雇用－雇用法制と就労実態』調査研究報告書、アジア経済研究所、2011年、pp.47-56がある。（http://www.ide.go.jp/Japanese/Publish/Download/Report/2010/pdf/2010_422_03.pdf、2016年11月29日閲覧）。斉藤は障害者雇用法制を検討したうえで、「雇用形態による障害者の所得保障や社会参加の促進には、少なくとも短期的には大きな期待はできない」と指摘している（p.53）。

14）この問題に関しては、青木昌彦の制度に関する理解が有益である。青木昌彦「制度とは何か、どう変わるか、そして日本は？」『移り行くこの10年　動かぬ視点』日経ビジネス文庫、2002年、pp.300-337。

15）ハノイ経営技術大学は2016年に計画投資省企業発展局のもとで設立され、学生数は35000人、教員数は1300人の私立大学である。経営マネジメント、テクノロジー、企業活動を関連づけたカリキュラムに特徴があり、CSR（企業の社会的責任）、社会的企業などの講義も展開している。なお、2015年8月25日、小西豊、黒田学が本大学を訪問し、Nguyen Manh Quan所長、Nguyen Trong Hieu副所長にヒアリング調査を行った。

16）Kymvietには、2016年11月21日、小西豊、黒田学が、同社長のPham Viet Hoai氏に対して、またImagtorには、2016年11月22日、小西豊、黒田学、野村実が、Nguyen Thao Van氏らに対して、それぞれインタビュー調査を実施した。

17）斉藤善久、前掲書、p.54。

18）Kymvietのwebsiteはwww.kymviet.net

19）上記website情報からの引用。

20）Hoai社長の使用されている電動車いすは、本人がデザインをし、知人を通じて改良した中古製品で1200万ドン（約6万円）である。この金額と比較すると、障害者手当がいかに低いか理解できる。

21）小西豊、黒田学、野村実は、ハノイ市のベトナム物産博覧会（2016年11月23日）

におけるKymvietの販売ブースを訪問し、学生たちにインタビュー調査を行った。
22) Imagtorのwebsiteはhttp://www.imagtor.com。この社会的企業はデンマーク大使館の社会的ビジネス・プログラムによって設立された合弁会社Esoftflowが母体であり、2016年末までに法人格を取得する予定である。
23) The Will to Live Centerのwebsiteはhttp://www.nghilucsong.net。同センターは2006年からハノイに移転した。Van氏はオーストラリアの大学を卒業後、ベトナムで障害者問題、貧困問題、女性の地位向上のために、運動の先頭に立っている社会活動家でもある。
24) センターでの職業訓練プログラムを紹介しておこう。例えば、マイクロソフト・オフィス（6か月）、ウェブ管理（3か月）、グラフィック・デザイン（6か月）、ウェブサイト・デザイン（12か月）、チケット販売（3か月）、全研修期間を通じて英語コミュニケーション力の養成を行うことになっている。

調査報告②

ベトナムにおける
障害者の自立生活と
コミュニケーションスキルの教育
──インクルーシブ社会の構築と課題

ディン・グエン・チャン・トゥ（Dinh Nguyen Trang Thu）
翻訳　黒田 学

はじめに

　1990年代以降、ベトナム政府は、障害のある子どもが教育へのアクセス権をもち、インクルーシブ教育が受けられるように、その政策と行動計画を実施してきた。インクルーシブ教育を実施する過程で、ベトナムは多くの成果を収めたが、多くの課題にも直面している。ベトナムは、障害のある子どものインクルーシブ教育を実施する過程で、障害者支援のための法的文書を公布し、障害者の教育機会と就学率の拡大を図り、いくつかの基本的な成果を達成した。ベトナムでは、2012年から2013年にかけて、約50万人の障害のある子どもが教育に統合されている。ベトナム教育科学院の報告によると、障害のある子どもの就学は、1996年の42,000人から2015年には50万人へと、20年間で10倍以上増加した。就学状況の改善は、就学前と小学校段階に限らず、職業訓練、専門的な中等教育、短期大学、大学などの各レベルの教育にも見られる。
　小学校レベルの就学については、一部の地域で高い成果が見られる。例えば、ハノイ市では、2011年から2012年に7,500人以上の障害のある子どもが就学し、イエンバイ省では、2014年から2015年に9つの学校区で692人の障害のある子どもが就学し、ビンロン省では2014年から2015年に同様に1000人以上が就学し、就学率は74.5％を占めている。ティエンザン省では、2015年か

ら2016年に、障害のある子ども2,700人以上が就学した。

また、障害児教育に関わる教師の専門的能力を向上させてきた。例えば、ビンロン省では、2005年から2015年までの10年間で、119の専門研修と64の専門セミナーを開催した。ホーチミン市のインクルーシブ教育発達支援センターでは、年間1000〜1500人のインクルーシブ教育の支援スタッフを含む、専門教師の研修を行っている。さらに、教育における効果的な管理を進め、中央レベルから地方レベルまでのあらゆる行政レベルにおいて、障害児教育管理委員会を設立し実施している。

しかしながら、ベトナムにおける障害のある子どもに対するインクルーシブ教育はいくつかの課題に直面している。

第1は、障害のある子どもに対する社会および地域社会における意識の欠如、障害のある子どもへの教育の必要性の欠如などである。特に、インクルーシブ教育に対する意識が完全ではなく、教育管理者や教職員を含め、障害のある子どもの教育に対する印象は依然として重い。また、地方行政機関の47％が、障害のある子どもに対する教育年次計画をもっていない。

第2は、専門支援サービスシステムに関わる課題であり、診断と評価、介入と教育、教育セラピストなどの専門家グループの配置を必要としている。

第3は、教育の質と量の限界である。その一例は、障害児教育のための設備や条件の貧弱さと不足であり、ある調査結果では、教師の36.9％が障害児教育のための参考資料を欠いており、学校の33.9％が障害児支援のための教室条件をもたず、学校の31.5％が支援のための教育機器をもっていない。

第4は、障害のある子どもに対する教育支援機関やセンターが設置されていないことであり、ベトナムの32省は、現在でも障害のある子どもたちのためのセンターや特別学校を設置していない。

第5は、障害のある子どもに対する教師の専門能力が低いことである。ベトナムのインクルーシブ教育に関する報告書によれば、3つの省における167人の教師に対する政策評価では、障害児教育に関する専門研修を受けた教師はわずか28.7％であり、障害のある子どもに対する教育に自信をもっている教師は、わずか48％である。

ベトナム政府は、2015年2月に障害者権利条約を批准し、インクルーシブ社

会の構築とインクルーシブ教育の実施に強い意志を示している。それは、ベトナムが、障害のある人々が社会に参加し貢献する道を広げることに関心を寄せていることを示している。

本稿は、障害のある人たちの権利を確保し、インクルーシブ社会において自立した生活ができるように、障害のある子どもにコミュニケーションスキルを含む、生活に必要な社会スキルを教育することの重要性を明らかにすることを目的にしている。

筆者は、このような社会スキルの提供は、子どもたちが就学すると同時に、可能な限り早く開始すべきであると考えている。例えば、障害のある子どもは、通常教育または特別教育に関わらず、幼稚園では非言語的要素を含んだ話し言葉の学習において、小学校では読み書きの学習において、コミュニケーション能力を高めるためのコミュニケーションスキル教育を開始することができるからである。

1　インクルーシブ社会における自立生活に向けたコミュニケーションスキルの教育

(1)コミュニケーションスキル教育の重要性

世界中の多くの先行研究が、障害のある子どもを含めて、子どもの発達のためのコミュニケーションスキルの役割を認識し、評価している。コミュニケーション機能の課題には多くのアプローチがあり、コミュニケーションに関する理解と一致して、コミュニケーションの基本的な機能を次のように指摘することができる。

多くの研究により、障害のある子どもにとって必要な基本的なスキルとして、コミュニケーションスキル、言語スキルが示されている。そのスキルには、非言語要素、リスニングスキル、対話式スキルなどが含まれている。知的障害のある子どもたちは、知的活動に制約があるため、教育活動に参加することや日常生活が制限されやすい。したがって、知的障害のある子どもにとって、コミュニケーション活動は、学習過程において彼らを助け、知識を獲得し、コミュニ

ティへの参加プロセスを加速させるのに役立つのである。

(2)ベトナムの小学校における知的障害児童に対する
コミュニケーション教育の導入

　コミュニケーションスキルの教育は、知的障害児教育に関わる教育管理者、教師、施設職員にとって不可欠な課題の1つである。

　2010年、ベトナム教育科学院は、小学校における知的障害のある児童のために、7つの科目を含む教育活動の専門プログラムを発表した。それらの科目は、生活スキル教育（コミュニケーションスキルを含む教育）、ベトナム語Ⅰ・Ⅱ、数学、自然科学、芸術、体育、グループ活動、選択学習である。

　3年間の教育実施後、知的障害のある児童を指導する特別学校の多くの管理者は、このプログラムの有効性について次のようにコメントしている。すなわち、プログラムの内容は、児童の意識レベルに沿って、教師が授業を進める上で、各クラスに参加している児童の興味を引くように、創造性と柔軟性をもった指導案を作成し、食事、排泄、衣服の着脱、挨拶、活動に参加する際の安全意識など、日常生活の自立を促すことに留意している。

　いくつかのコミュニケーションスキルに関する教育内容は、コミュニケーション行為における言語スキルや言語発達のようなケアプログラムであり、教師や友人、家族との日常的なコミュニケーションを図るものである。

　インクルーシブ教育の基礎には、コミュニケーションスキルの教育内容は、各科目には含まれておらず、それは学校の一般的な教育目標やライフスキル教育など、いくつかの科目の目標に統合されている。

　したがって、コミュニケーションスキルの教育プログラムには次のような問題がある。

　第1は、コミュニケーションスキルの教育はシステムとなっておらず、各学校やセンターがそれぞれ判断しているために、コミュニケーションスキルの教育内容はそれぞれで異なっている。第2は、早期介入センターや幼稚園から小学校への移行教育システムが成立していない。第3は、家族と幼稚園、学校との間にある問題で、学校でコミュニケーションスキルの教育を行っても、家族をサポートすることもなく、家族もまた教育への知識や関心が低いために、コ

ミュニケーションスキルが定着しない。第4は、都市部と農村部との教育格差の問題であり、都市部の幼稚園や小学校ではコミュニケーションスキルの教育を行うが、農村部ではコミュニケーションスキルの教育が実施されていない。第5は、教師の問題であり、教師の専門性が低く、教師それぞれの経験で判断して教育を行っている。

知的障害のある子どもに対するコミュニケーションスキルの教育実態をよりよく理解するために、インクルーシブ小学校での知的障害のある児童に対する社会的スキル教育に関する調査結果を次に紹介したい。

2　ベトナムの小学校における知的障害のある子どもに対するコミュニケーションスキルの教育方法の状況

ベトナムの小学校では、インクルーシブ教育を進めているが、知的障害のある児童に対するコミュニケーションスキルの教育に関する状況は以下の通りである。ここでの内容は、ベトナムのハノイ、ダナン、ハザン省、イエンバイ省の4か所で、小学校36校の教師186人を対象に、知的障害のある児童のコミュニケーションスキルと教育方法に関わる教師の認識、教育過程に関する調査結果に基づいている1)。

調査結果からそのいくつかの特徴を紹介したい。

まず、知的障害児童に対する教育経験は、5年未満の教師経験者が最も多く（145人、78.0％）、10年以上の教師経験者が最も少ない（17人、9.1％）。したがって、小学校教育における知的障害児童に対する教師の経験年数が限られていることを示している。また、教師の資格については、大学卒業者が最も多く（108人、58.1％）、高校卒業者は最も少ない（4人、2.2％）。また特別教育（障害児教育）の資格をもつ教員数は1割程度である（25人、13.4％）。

特別教育の基礎をもつ教師は、インクルーシブ教育を積極的に捉えているが、経験年数が短い教師は、教育の基本的な部分が備わっているものの、インクルーシブ教育に関わる研修の継続が必要である。

ほとんどすべての教師は、コミュニケーションスキルの教育が重要だと考え、

教育活動のある一定の時間をコミュニケーションスキルの学習にあてている。コミュニケーションスキルの教育には、正しいイントネーション、リズム、発声、コミュニケーションの状況に合致した言葉の選択と使用、会話への参加や会話を維持すること、自分の考えを他者に理解してもらう方法などが含まれている。

教師の知的障害児童のコミュニケーション能力に対する評価は、リスニングについては高い評価であるが、ライティングや集団におけるコミュニケーションスキルは低いと評価している。

調査を通じて、小学校での知的障害児童に対するコミュニケーションスキルの教育について、以下の5つの特徴を指摘できる。

第1は、教師は、知的障害児童を育てる上で、コミュニケーションスキル教育の役割と重要性を認識している。第2は、教師が多くの特別教育の資格や経験、専門知識の経験をもっていた。それは、特別教育の研修、障害のある児童の成長を評価する方法、積極的な行動を形成する方法、インクルーシブ教育の研修、障害のある児童のための効果的な教授法などである。第3は、教師は定期的に知的障害児童のコミュニケーション能力を高めるために教育活動を組織している。第4は、知的障害のある児童のコミュニケーション能力に対する教師の評価は、児童の評価結果と一致させている。第5は、コミュニケーションスキルが高められたグループでは、知的障害のある児童のもつ各スキルの長所と短所が明確になり、教師は今後、どのような選択肢や方向性でサポートするのかをよく理解している。

他方で、コミュニケーションスキルの教育にはまだいくつかの限界がある。すなわち、第1は、教師はインクルーシブ教育に関する研修を受ける機会が不足していること。第2は、教師は、障害のある児童を教える経験をたいしてもっていないので、教師の知識とスキルには限界があるということである。第3は、インクルーシブ教育に関する環境のもつ限界であり、それは児童のためのコミュニケーションスキルの教育過程において、教師を支援するための機器や備品が十分にないことである。

おわりに

　一般的に、ベトナムにおける障害のある子どもに対するインクルーシブ教育の過程に見られる成果と課題は、知的障害のある子どものコミュニケーションスキルの教育課題に関する具体的な研究を通じて、障害のある子どもの特定のスキルを発達させるという点で多くの注目を集めている。障害のある子どもの特定のスキルに適切な注意を払うことは、子どもが社会へ参加するためのあらゆる可能性や機会を広げ、自立生活への自信をもつことにつながる。

　世界は、インクルーシブ社会の構築をめざしており、自立生活を阻む障壁を取り除き、障害のある人々に必要な社会スキルを提供することが重要である。2015年、ベトナム国会は障害者権利条約を発効させた。これはベトナム政府が障害のある子どもに対する教育の質を向上させ、インクルーシブ社会を構築するという国際基準を達成するための努力を義務づけたことになる。

【注】
1）本調査の対象は、4つの地域の小学校教師186人で、その内訳は、ハノイ市（72人）、ダナン市（35人）、イエンバイ省（23人）、ハザン省（36人）である。　2015年1月から4月に実施した。

引用・参考文献

1. The Ministry of Education and Training（2010）, Inclusive Education Management, Publishers women.
2. The Ministry of Education and Training（2015）, Yearbook of Scientific Conference "20 years of education for students with disabilities in Vietnam", December 2015.
3. The Ministry of Education and Training（2016）, 2015 report, "The availability of education for children with disabilities", researches at 8 provinces in Vietnam, Hong Duc Publishing House.
4. The Right of Children with Disabilities to Education: A Rights-Based Approach to Inclusive Education in the CEECIS Region, UNICEF. Last modified October 21. http://www.unicef.org/ceecis/Background_NoteFINAL（1）.pdf
5. Dinh Nguyen Trang Thu（2015）, Equipping communication skills for students with

intellectual disabilities through activies in Ethics subject in primary education, Journal of Science of Hanoi National University of Education, Vol 60, No 6BC, ISSN 0868-3719, pp 162-169.

6. Dinh Nguyen Trang Thu (2015) , Study design enviroment for development communication for students with intellectual disabilities in inclusive primary schools, Journal of Science of Hanoi National University of Education, Vol 60, No 6BC, ISSN 0868-3719, pp 186-193.

7. Dinh Nguyen Trang Thu (2016) , Situtation of equipping communication skills for students with intellectual disabilities in inclusive primary schools, Journal of Science of Hanoi National University of Education, Vol 60, No 6BC, ISSN 0868-3719, pp 110-118.

8. Dinh Nguyen Trang Thu (2016) , Teaching skills needed for integarating students with intellectual disbilities into mainstream primary school classrooms, Educational Journal of Minstry of Education, Special Number, peroid 2th of 2016, ISSN 2354 0753, pp 156-160.

9. Dinh Nguyen Trang Thu (2016) , Methods to develop communication skill for students with intellectual disabilities integrate in elementary schools, Journal of Science of Hanoi National University of Education, Vol 61, No 6B, ISSN 2354-1075, pp175-187.

10. Dinh Nguyen Trang Thu (2016) , Organize educational activities communication skills for students with intellectual disabilities in inclusive environments, Scientific Conference Yearbook of 40 years of research, cooperation and development of Special Education in Vietnam, pp 347-356.

調査報告③

タイ・バンコクの障害児教育の実情と課題

黒田 学、向井 啓二、仲 春奈

はじめに

　本報告は、特別なニーズをもつ子ども（特に知的障害児）への教育および社会開発の動向と課題について比較検討を行うことを目的にして、2011年9月、タイの首都バンコクの障害児教育の実情について、国際機関、障害児教育関係機関に対する訪問調査に基づき検討するものである[1]。訪問調査対象一覧は、表1の通りである。

　タイは、1990年、ユネスコ、ユニセフ、世界銀行、国連開発計画（UNDP）の主催による「万人のための教育（EFA）世界会議」の開催地であり、会議ではすべての人に基礎教育を提供することが国際的な目標として掲げられ、タイはそのような目標を世界に発信してきた国の一つである。タイにおける障害児教育は、アジアの中でも相対的に評価が高く[2]、後述するように憲法等での障害者の権利が明記されており、本調査を通じた実態把握から――首都バンコクに限定されているが、その一端を確認することができた。

　なお本稿は、「はじめに」と「1」「2（1）」「おわりに」を黒田が、「2（2）（4）」を向井が、「2（3）（5）」を仲がそれぞれ分担執筆し、黒田が全体をとりまとめている。

表1　訪問調査対象機関一覧（2011年9月7日～9日）

訪問日	対象機関名	設立・運営形態	設立経緯など
9月7日	①アジア太平洋障害者センター (APCD, Asia-Pacific Development Center on Disability)	タイ政府、JICA	2002年に「アジア太平洋障害者の10年」最終年を記念して設立された。
9月8日	②バンコク中央特別教育センター (Special Education Center, Central Region Bangkok)	教育省	1997年に教育省が障害児の教育機会拡大のために設立された。全国13カ所の1つで、早期介入と教育開発を基軸としている。
	③ラジャヌクル学院 (Rajanukul Institute School)	保健省・精神保健局	1960年に知的障害児者のための病院として設立され、2002年に学院に転換された。
9月9日	④スアン・ドゥシット・ラジャバット大学、附属特別教育センター、附属ラオルティス学校 (Special Education Center, The La-Orutis Demonstration School of Suan Dusit Rajabhat University)	タイ政府（国立大学）	1934年に設立された教員養成学部を軸とした大学に附属する学校とセンターである。ラジャパットは、元々教員養成系学校（学院）に記された名称であり、現在は総合大学として全国に設立されている。
	⑤パンヤウィティコーン知的障害児学校 (Panyawuthikorn School)	王妃後援・タイ精神遅滞（知的障害）者福祉財団	1978年に知的障害児のための学校として設立された。財団は1962年に王妃が設立した。

1　タイの政治経済情勢と障害者施策の概略

　タイにおけるここ10年余の政治経済情勢を整理すると、2006年9月、軍事クーデターによってタクシン政権は終焉を迎え、暫定政権の成立後、下院議員選挙による政権交代がなされた。しかし、タクシン派による反政府デモと治安部隊との衝突による政治混乱が続き、2011年3月には約90名の死亡者が出るに至った。政治的対立と混乱を回避するため実施された同年7月の総選挙によって、タクシン元首相の実妹であるインラック氏を首相とする新政権が発足した。このような政治の不安定さに加え、世界的な経済危機の影響を受けて、2009年の実質GDP成長率は、マイナス2.3％にまで落ち込んだ。2011年には、

経済成長率は0.1％に低迷し、大洪水に見舞われたものの、復旧・復興による内需の牽引により、2012年には、7.3％に回復し、2013年は2.9％の成長に留まった。2014年5月の軍事クーデターにより、軍部を中心とする「国家平和秩序維持評議会（NCPO）」が全権を掌握したが、その後の政情混乱を受けて、2014年の成長率は0.9％に留まり、2015年には2.8％に回復した。2016年8月に実施された国民投票により新憲法案が可決されたが、同年10月、プミポン国王が死去し、自粛による消費需要の低迷により経済活動の鈍化が懸念されている[3]。

なお、タイの基本統計は、表2の通りである。

タイは、障害者権利条約については、2007年3月に署名し、2008年7月に批准しており、この時期以降、障害者施策を積極的に進めてきた。

障害者施策について、その概略を以下のように整理しておきたい[4]。

障害者施策についての近年の特徴は、2007年に制定された「タイ国憲法」には障害者の権利（差別禁止、社会福祉のアクセス保障など）が規定されており、同年、総合的な障害者法として「障害者エンパワーメント法」（タイにおける最初の障害者法である「障害者リハビリテーション法」（1991年）の改正法）が制定されている。また、障害者計画としては、やはり同年に「2007-2011年障害者の生活の質発展のための国家戦略」（第3次）が策定されている。障害者施

表2　タイの基本統計（2015年）

人口	6795.9万人
18歳未満人口	1465.6万人
5歳未満人口	379.9万人
人口増加率	0.7％（1990-2015年）
合計特殊出生率	1.5
平均余命	75歳
1歳未満死亡率	11‰
5歳未満死亡率	12‰
成人識字率	96％（2009-2014年）
1人あたりGNI	5780USD
1人あたりのGDPの年間平均成長率	3.1％（1990-2014年）
GDPに占める教育支出の割合	5％（2009-2013年）

出所）ユニセフ『世界子供白書2016』から筆者作成
(http://www.unicef.or.jp/sowc/data.html、2016年10月31日閲覧)。

策の所轄官庁は主に、保健省、教育省、労働省である。

　障害児教育に関しては、2008年に、「障害者教育法」が制定され、教育機会の促進と職業教育の保障が定められている。

　ただし、インクルーシブ教育については、その達成には、アクセスの欠如や農村部での困難さ、学校における合理的配慮の不足、学習困難児への教材提供の不足といった重要な課題があると指摘されている。また、「障害者エンパワーメント法」の2013年改正においては、地域に根ざしたリハビリテーション（CBR）や障害者サービスセンターを障害者に対する生活支援の新しい拠点とすることを定めている。2016年２月現在、障害者数は、1567万人で、人口比2.41％である[5]。

　以下、調査結果の要旨を紹介し、タイの障害児教育の課題を考察したい。

2　訪問調査結果

(1)アジア太平洋障害者センター（APCD）

　本センターは、「アジア太平洋障害者の10年（1993～2002年）」および「びわこミレニアムフレームワーク（BMF）」を背景に、タイ政府とJICAが、2002年、障害者中心の国際プロジェクトとして発足させたものである。2005年には、当初の間借りの施設（タイ政府「社会開発・人間の安全保障省」内）から宿泊可能な研修施設の機能を伴ったユニバーサルデザインの専用施設として、現在のAPCDの建物が完成した。APCDは、アジア太平洋地域、各国の障害者政策・制度の構築支援、拠点機能強化、人材の養成と障害者のエンパワーメントをすすめることを目的に、情報提供や各種の研修活動を行っている。またAPCDは、UNESCAPによって、BMFの地域協力拠点として承認された機関でもあり、国をこえた相互協力、連携を高める取り組みにも力を注いでいる[6]。

(2)バンコク中央特別教育センター

　本センターは、1993年設立され、主に早期介入を実施する機関である。バンコクに計13ある同センターの中心機関として存在しており、あわせて首都バンコク地区のセンターでもある。タイの王族との関係も深く、潤沢な予算で運営さ

れているという。ここでは視覚や聴覚の障害児だけでなく、知的障害および自閉症の子どもたちも受け入れ、子どもたちのニーズに応じた教育を行っている。

センターでは、障害児の教育カリキュラムの開発を行うと同時に、個別教育計画（IEP）に基づき、教育を実施している。

バンコク中央特別教育センター

教員以外にソーシャルワーカーをはじめとするスタッフが教育と訓練に従事している。また、他の教育機関との連携や支援、各種研修会の実施を行っている。

なお、本センターを訪問する機会が得られたのは、JICAシニアボランティアとして派遣されている日本人教員のA氏の計らいによる。A氏は、タイで日本の教育方法を取り入れようと試みている。例えば、①子どもたちに授業中は制服を着させないで、着替えを持たせるように保護者に要求する。②タイの教室では一般的にさまざまな色づかいがなされ、さまざまな教材や掲示物が壁一面にランダムに貼られているが、そのような掲示を止め、落ち着きのある色づかいにした環境に変えて授業を行う、などというものだ。

果たして、A氏が試験的に実施している日本式の教育方法が今後どれだけ受容され、実施されることになるかは不明であるが、教育方法の開発を進める同センターで実践されていることは大きな意義があると言えよう。

(3)ラジャヌクル学院

本校は、国王よりの土地・建物・学習用具によって、1964年ラジャヌクル病院内に作られたタイで最初の障害児学校である。設立当初は他に学校がなかったため、軽度（IQ50〜70）・中度（IQ35〜49）の知的障害の子どもたちが1日に500〜600人も通学したが、重度（IQ35以下）の子どもたちは医療の対象でしかなかった。

その後、タイ国内各地に特別教育センターが設立され、「障害者リハビリテーション法」（1991年施行）により、通常学校で軽度の知的障害児を受け入れるようになった。そのことから、現在は6〜18歳の中度・重度の知的障害児90人を受け入れている。同校は教育研究所としての機能があり、教育方法の開発を行っ

ラジャヌクル学院の調理の授業

ている。教師や保護者が使用できるような教授マニュアルを開発し、さまざまな教育方法を普及させる役割を担っている。

医師や看護師、教育担当のさまざまな専門家がおり、子どもたちはすべての範囲を網羅したサービスを受けることができる。子どもの受入れにあたっては、医師が知能検査を実施した結果、知的障害と診断されると同校に送られてくる。さらに学校でも言語能力や身体能力に対するテストを行う。教育を受けることができると判断されれば、保護者から「サービス提供同意書」に署名をもらい訓練を開始する。まず、3か月間、本校で訓練した後、今度は家庭での訓練を行い、1か月後に家庭での訓練結果を学校でテストする。こうすることで、保護者に訓練の重要性を認識させている、とのことである。教育の目標は、「子どもたちが家族生活・社会生活をおくれるようにすること」であり、彼らが実際に日常生活で使えるような内容に絞って教えられている。

学校とはいえ、子どもたちは毎日通学するわけではなく、いろいろなプログラムに従って通学することになる。6～16歳までは、基礎的な教育が行われ、カラオケやダンスなどの音楽を利用し、運動器具を使って身体を動かすなど、楽しみながらできるように実践されている。パソコンや実際のキッチンを使った調理の授業もある。

教育の結果、健常児と一緒に勉強することが可能と判断されると、通常学校に移ることもある。その際、個別教育計画（IEP）のデータを渡すことで、障害児への理解を深めてもらっている。16～18歳の生徒には、洗車、野菜の水栽培、陶芸品の製作といった職業訓練を行っている。また、スペシャルオリンピックスに関する技能を重視しており、タイ全国から運動能力の高い子どもたちを選抜して教育している。

⑷ スアン・ドゥシット・ラジャバット大学、
　附属特別教育センター、附属ラオルティス学校

本特別教育センターは、1969年から障害児教育のプログラムが開始されたと

同時に発足した。当初は、聴覚障害児１人に対する教育からはじまり、家政学部内に存在した。その後、大学内に教育学部が設けられ、特別教育学科が設置された。現在、同学科で学士のみならず、大学院教育を行い、修士および博士の学位を出すまでに至っている。

　同センターの教員と大学の教員は兼任していないが、教育学部の実習指導教員として協力しているとのことである。つまり、センター所属の教員は、センター内で独自にカリキュラム開発をはじめとする業務を行っており、必要に応じて学部・学科との協力を図っている。

　大学は、附属学校を併置しており、保育所、幼稚園、小学校を含み全部で2000人の園児・児童がおり、教員も200人いる大規模校である。その内、通常学級に知的障害児が11人おり、それ以外の障害児18人が障害児学級で学んでいる。障害児は、最大８～10人を教えることとなっているが、同校では、８人を超えないようにしている。

　インクルーシブ教育についてその是非を質問したところ、センター長は、インクルーシブは大切だが、非常に難しい場合もあり、特に学校・教員の準備がなされていない場合は、特に難しいということである。その上で、タイではインクルーシブ教育といった場合、少数民族の教育をさす場合もあり、概念としてはかなり広いものとなっている。インクルーシブ教育というよりも「万人のための教育（EFA）」の実施と言った方がよいかも知れない。特にインクルーシブ教育の実施には通常学校の教員のスキルアップが欠かせないと述べ、単に通常学校に障害児を受け入れればよいというものではないと、その考えを表明された。

　タイは現在、教員養成の変化・移行期にあたっているようである。タイでは、1999年の「国家教育法」と「障害者のための教育年」を受け、障害児教育が本格化する。1991年に「障害者リハビリテーション法」が施行され、障害児教育を担う教員養成も推進した。６年制の教員養成がなされたが、その結果、逆に教員志望者が減る傾向となった。2010年の法改正で学士だけで教員となることが可能となったが、養成カリキュラムを改訂する必要があるという。法改正後でも、タイの教員養成は５年制になっており、５年間の教育終了後さらに実務経験を１年積んだ後、採用試験に合格し教員となる。しかも５年生は１年間のインターンシップとしての教育実習期間があり、日本と比べ実習期間が長い点が特徴的である。

(5)パンヤウィティコーン知的障害児学校

　本校は、1978年4月「王妃後援・タイ精神遅滞（知的障害）者福祉財団」[7]によって設立された知的障害児のための学校である。生徒総数は180人。小学校1〜6年生が130人、小学校を修了して職業教育を受けている者が50人いる。全部で13クラスあり、1クラスの平均は6〜8人だが、最大で12人いる場合でも1人の教員が担当している。自閉症児のクラスは、3人の教員で担当している。小学1年生は、保育園と同じような教育内容で、時に2人の教員が担当することもある。職員数は校長・事務職あわせ36人。特別に障害児教育を学んだのではなく、一般の教育学部を卒業した教員が多い。3か月間の政府の研修を受けた後、1年間の実務研修を積むと、政府からの資格が与えられ、文部省から2000バーツの給料が支給される。授業時間は月曜〜金曜まで、8：30〜15：30（休憩1時間あり）となっており、給食が実施されている。

　授業内容は、通常学校のカリキュラムを知的障害児にわかりやすく修正している。教育の目的は、「子どもたちが仕事に就けて、家族をもてるようにすること」で、卒業生の中で優秀な者は、同校で警備員や事務室の電話番など、学校職員として雇用している。保護者の負担は給食費のみである。タイ政府の方針により制服、教科書代、遠足費は政府が負担し、それ以外の費用は財団の基金からの支援もある。保護者の障害児教育についての理解が必要だと感じており、保護者会がある。遠足に保護者も参加してもらうだけでなく、仏教関係や王室関係の行事にも招待している。

　現在、学内には精神科医、ソーシャルワーカー、リハビリテーションの専門家がいないので、教師への簡単な研修で間に合わせ、外部に生徒を送り、診察してもらっている。将来的には、各分野の専門家を配置すること、また教育省や労働省、民間企業と協力して、生徒を外部の職業研修に出したいと考えている。

おわりに──考察と今後の研究課題

　本稿の冒頭に記したように、タイにおける障害者施策は、国連障害者権利条約の署名（2007年）以降、ここ数年で大きく前進しており、今回の各機関・学

校への訪問調査においてもその一端を確認することができた。

　各機関・学校ともに、何らかの解決すべき課題をもつものの、子どもたちの特別な教育的ニーズに応じて、工夫を凝らした実践に取り組み、子どもたちの成長・発達に確かな手応えを感じているという印象を強くもった。保護者への対応や地域の通常学校等への支援や連携についても、各機関・学校の専門性を生かした対応が積極的になされていた。また、インクルーシブ教育については、先述したように、その達成に向けた課題が指摘されているが、バンコクにおいては、特別教育センターを拠点にして地域の通常学校への支援や連携を図っており、インクルーシブ教育の展開が期待されるところである。

　今後の研究課題は、本調査は首都バンコクだけであり、他の地方都市、とりわけ農村地域においては障害児学校の設置などの多くの課題があり、都市と農村との格差を踏まえた調査研究をさらに進めたい。

　また、2014年5月の軍事クーデター後、軍部を中心とする「国家平和秩序維持評議会（NCPO）」が全権を掌握しているが、国際人権団体からは、クーデター以降、タイにおける軍部の強権と一般市民の基本的人権への抑圧に対する懸念が表明されており、障害者の権利保障に対しても注視する必要がある。

　なお、文末になるが、紙数の関係もあり、各学校・機関の紹介にとどまり、十分な考察がなされていない点をご了承願いたい。

【注】

1）本研究は、科学研究費補助金「特別なニーズをもつ子どもへの教育・社会開発に関する比較研究」（基盤研究（A）、課題番号23252010、2011年度～2015年度、研究代表者：黒田学）に基づいて、特別なニーズをもつ子ども（特に知的障害児）への教育および社会開発の動向と課題について、比較検討を行うことを目的としている。アジア、ユーラシア・東欧、ラテンアメリカを対象地域として、子どものライフステージにしたがって、障害の早期発見・診断、就学、移行支援等を具体的に調査するものである。

　本調査は、2011年9月5日～10日の日程でバンコクを訪問し、黒田学、向井啓二、仲春奈の3名による共同研究として行ったものである。インタビューでは、日本語・タイ語の通訳を現地通訳会社に依頼し、あわせて英語を部分的に使用した。調査対象の選定

およびコーディネートは、チェンマイ・ラジャバット大学講師のサシピン・スクブンパント（Ms. Sasipin Sukbunpant）さんに依頼した。また、APCD訪問については、直接アポイントメントを取り、さらにAPCDおよびJICAシニアボランティアA氏の計らいにより、バンコク中央特別教育センターを訪問することができた。ここに協力いただいたみなさまに感謝を申し上げたい。

なお、本稿は、「タイ・バンコクの障害児教育を訪ねて」（『人間発達研究所通信』127号、2011年12月）に加筆・修正したものである。

2）西澤希久男「タイにおける障害者の教育を受ける権利とその現状」小林昌之編『アジアの障害者教育法制——インクルーシブ教育実現の課題』アジ研選書38、アジア経済研究所、2015年。

3）外務省ホームページ（「最近のタイ情勢と日本・タイ関係」）、http://www.mofa.go.jp/mofaj/area/thailand/data.html（2016年10月31日閲覧）および時事通信、2016年10月13日付記事、http://www.jiji.com/jc/article?k=2016101300864&g=eco（2016年10月31日閲覧）をもとに筆者が要約した。

4）Thailand, Disability at a Glance 2010: a profile of 36 countries and Areas in Asia and the Pacific, UNESCAP, pp.46-47.（発行年記載なし）

Inclusion of People with Disabilities in Thailand, Fact Sheet, ILO, 2009. http://www.ilo.org/skills/pubs/WCMS_112307/lang--en/index.htm（2011年9月25日閲覧）。なお障害者法については、西澤希久男「タイにおける障害者の法的権利の確立」（小林昌之編『アジア諸国の障害者法——法的権利の確立と課題』アジア経済研究所、2010年、所収）が詳細に解説、検討している。

5）Committee on the Rights of Persons with Disabilities examines report of Thailand, March 31, 2016. http://www.ohchr.org/en/NewsEvents/Pages/DisplayNews.aspx?NewsID=18547&LangID=E（2016年10月31日閲覧）

6）二ノ宮アキイエ『車いすがアジアの街を行く——アジア太平洋障害者センター（APCD）の挑戦』ダイヤモンド社、2010年、および、APCDのHP（http://www.apcdfoundation.org/）（2011年9月25日閲覧）を参照した。

7）詳しくは財団のHP（http://www.fmrth.com/home.php、2011年9月25日閲覧）を参照のこと。

8）国際人権NGOヒューマンライツ・ナウ「タイの新憲法案および国民投票の手続きについて重大な懸念を表明する」(http://hrn.or.jp/activity/8043/、2016年10月31日閲覧）。

【参考文献】

黒田学「タイの障害児教育を探る——チェンマイ・ラジャバット大学および附属学校施設訪問調査」『障害者教育科学』第48号、2004年1月。

末廣昭『タイ中進国の模索』岩波新書、2009年。

調査報告④

モンゴル・ウランバートルにおける障害児教育の実情

向井啓二

はじめに

　本稿は、モンゴルの障害児教育の実情について、首都ウランバートルの教育機関、関係者に対するインタビュー調査（2012年2月・同年9月）に基づいた報告である。近年、モンゴルについては、大相撲の力士が活躍していることで話題になるが、同国の具体的な現状や障害児教育に関する情報や研究はきわめて限られている。先行研究として、兵庫教育大学の石倉健二の調査報告、日本福祉大学COEモンゴル研究グループの調査報告、独立行政法人国際協力機構人間開発部の調査報告など[1]があるが、ウランバートルを中心とするものであり、地方都市や草原を含む広大な地域に暮らす障害者の様子についての詳細は不明なことが多いままである。

1　モンゴルの教育制度・障害児者数

　まず、モンゴルの教育の概要と障害児者数などについて簡単に要約する。

①モンゴルの教育制度

　教育制度は、0～5歳までの就学前教育（幼稚園教育）、6年間の小学校教育、3年間の中学校教育、さらに3年間の高校教育である。

表1 モンゴルの基本統計（2015年）

人口	295,9万人
18歳未満人口	96,8万人
5歳未満人口	33,8万人
人口増加率	1,2（2015～2030年）
平均余命	70歳
1歳未満死亡率	19％
5歳未満死亡率	22％
成人識字率	98％（2009～2014年）
初等教育準就学率	96％（2009～2014年）
1人当たりGNI	4280USD

出所）ユニセフ『世界子供白書』2016年（日本語版）から筆者作成。

学期は4学期制で、1学期は9月1日～11月9日。2学期は11月17日～翌年1月18日。3学期は1月26日～3月21日。4学期は4月5日～5月23日である。義務教育期間は1学期～9学期。日本と同様、小学校と中学校の期間である[2]。

②モンゴルの教育・学校史[3]

モンゴルの教育史は大きく3つの段階に区分される。すなわち、1921年以前。モンゴル人民共和国設立以前の在宅学習を中心とした時代である。次に1921～90年までの社会主義政権下の教育。ソ連（ロシア）の教育システムの導入・模倣期。さらに、1990年以後現在までの時期である。

モンゴルの近代学校史は1921年に小学校が設置されたことにはじまる。翌年、小学校教育が実施されたことから教員養成が必要とされ、教員養成学校（師範学校）が設置された。これが現在のモンゴル師範大学（国立教育大学）教育方法学科（教員養成学科）の前身であり、師範大学よりも早く設立された。

中学校は1923年に創設され、1930年には幼稚園が、1938年には高等学校が設置された。モンゴル師範大学は1942年に創設されている。

障害児学校は1964年に視覚・聴覚障害児のための特別学校（第29学校・盲聾学校）が設立されたのがはじめである。日本などと同様に、視覚・聴覚障害児は一緒に教育を受けていた。その後1967年に知的障害児のための特別学校（第25学校）が設立された[4]。

③モンゴルの障害児者数

上記の表以外でも、やや古い文献であるが、「モンゴルでは人口の4.8％、115,000人が何らかの障害をもつとされる（1998年モンゴル国保健省調査）。このうち知的障害が20,900人、6,500人が聴覚または視覚障害、28,000人が肢体不自由、その他が42,000人と推定されている。障害者年金の受給者は

表2 モンゴルの障害児者統計(2012年)

障害分類	小児 (0～15歳)	青少年 (6～35歳)	成人 (36～60歳)	高齢者 (60歳以上)	総計
視覚	1,538	3,480	5,988	4,325	15,331
聴覚・視覚	1,846	4,089	5,928	3,283	15,146
肢体不自由	2,615	5,048	8,335	3,426	19,424
てんかん	1,351	2,813	3,006	527	7,697
精神疾患	714	3,516	4,318	1,184	9,732
知的障害	1,795	4,274	3,825	680	10,574
重複障害	1,959	7,026	16255	4,001	29,241
小計	11,818	30,246	47,655	17,426	107,145

出所)『モンゴル国特別支援教育にかかる情報収集・確認調査報告書』(12ページ)を筆者が加工・修正した。なお、同表の元のデータは、イタリアの国際NGOであるAIFOが調査したものに基づいている。

38,311人、福祉手当受給者2万85人、その他サービス受容者5,460人である」[5]と記すものもある。ただし、いずれにせよ正式なデータではない[6]。

また、「障害児は学齢期に達した児童のうち8％(34,000人)が障害児で、その内5.8％(1,972人)が特別学校とよばれる障害児学校ないし専門技術訓練・生産作業センターで就学しているが、残りの73.2％は就学していない」とされている[7]。

2　障害の要因

モンゴルの障害者はどのような要因で障害をもつに至ったのか。これについても先引した文献には、「貧血、クル病、栄養不良および欠乏という小児科的疾病の結果」であり、1994年のユニセフ支援の調査では「1,200人の0歳から5歳までの幼児の49％がクル病、24.3％に貧血、24.7％にヨウ素の欠乏が見られ」、「0歳から3歳までの600人の乳幼児の86％は栄養不良、貧血、クル病にかかって」おり、「妊娠中および出産時の外傷、体重が極度に軽いこと、仮死状態での出生などの併発症により、脳性麻痺および知的障害になっている」[8]。

都市部以外の遊牧民障害者の障害要因は、上記の要因に加えて、①遊牧に伴う股関節脱臼。②家畜から伝染するブルセラ病により骨が曲がりもろくなり障

害を発生する。③落馬による骨折をあげることができる[9]。また、子どもの障害が判明した年齢は「生まれた時が13％、0－3歳の時が37.9％、4－7歳のとき〔(ママ)〕が17.2％、8～13歳のとき〔(ママ)〕が24.1％、14歳以上のとき〔(ママ)〕が6.8％であった」[10]。

3　障害児者に対する教育と福祉の現状

　筆者が調査した2012年以降、モンゴルの障害児者への教育と福祉の現状は変化している。この点について先行研究を利用して、現状を簡単に述べることにしたい。ただし、前進している側面と後退ないし停滞している側面があり、その両者について見ていくこととする。

　まず、後退ないし停滞の側面である。①障害者の就労・雇用については大きく進んでいない。社会主義時代（1957年～1990年）には調査対象障害者の67％が正規の職業についていた。この期間、障害者はほとんどが就労していたが、1997年にはわずかな人しか仕事についていない。しかも、市場経済移行初期に（1990年～1993年）ほとんどの障害者が解雇されている[11]。②社会主義時代には障害者福祉事業は医療の範疇に組み込まれており、比較的高いサービスを受けることが可能であった。障害児者の介護者の労働時間は短縮され、介護手当も支給されていたし、16歳以上の障害者には障害者認定が行われ、労働能力喪失度（％）により手当も支給されていた[12]。現在は、「2013年の政府の発表によれば、月の公式最低賃金が192,000トゥグルグ（11,520円）、最低生活水準はウランバートルでの月額126,500トゥグルグ（7,590円）である。これに対して政府からの障害年金は、算出基準を最低賃金とする支給額は115,200トゥグルグ（6,912円）であり、上記最低賃金、最低生活水準のいずれと比較しても下回る」[13]とされる。

　③障害児教育の面でも、1964年から視覚・聴覚障害児学校が創設され、地方では6～8県に1つの障害児学校が作られていた。ただ、社会主義時代の対応にも問題はあった。それは、第1に障害児者の意思に反して治療や移住などを強制されることがあった。第2に、知的障害者に対する理解が低く、障害者が

ゲルの中に放置され、ウランバートル市の知的障害児学校や精神病院に強制的に送られていた。第3に、障害に対する社会の理解が低く、差別やからかいが強かった[14]。

では、国連の障害者権利条約への加入（モンゴルは2009年5月13日）などの影響で障害児者への教育・福祉への対応が次第に前進してきている。①障害児教育の教員養成が本格的に開始された[15]。②障害児教育に関する法律の改正・整備が行われた[16]。③障害種別の特別支援教育のカリキュラムが作成されるとともに、教科書や学習評価の方法が確定された[17]。

全体を通じて、障害児教育では前進しているものの、障害者の雇用・就労など福祉では後退ないし停滞が続いていると考えられる。

4　ウランバートル市内障害児学校・関係機関調査報告

筆者は、2012年2月7日〜8日と同年9月11日〜14日の2度にわたってウランバートル市内で調査を行った。調査は通訳をはさんでのヒアリングによるものである[18]。なお、以下、調査日程に従い順に記述する。

①モンゴル師範大学（モンゴル国立教育大学）教育方法学科（教員養成学科）
【2012年2月8日・同年9月11日調査】

同大学は13学部からなり、600人の教員と14万人の学生を有する。アメリカ・カナダ・イギリス・日本・韓国とも国際交流を行っている。モンゴルで小学校教員の養成を行っているのは同大学だけである。

障害児教育については、かつてはソ連を中心にハンガリーなど東欧諸国に留学し、専門家として活躍していた教員がいたが、近年は彼らが高齢となり次々に退職した結果、障害児教育を学ぶことが難しい状況になっている。2008年以来、特別支援教育というカリキュラムを3年生の通年授業で教えるようになったが、この授業があるのは同大学の教育方法学科のみである。というのも、同学科の学科長であるオドゲレル・ダンディ氏は、旧ソ連時代のモスクワ欠陥教育学研究所に留学し、障害児教育を学んだ後、日本の東京学芸大学でも

障害児教育を学んだ人だからである。つまり、大学で体系的に障害児教育を研究・教育できる人がオドゲレル氏しかいない関係で、今後、同氏を中心にモンゴル国内の障害児教育に携わる教員を養成する以外に途がないことが明らかである（2012年調査当時）。この点については、副学長・学部長とも理解しており、専門教育を受けた教員の養成だけでなく、必要に応じて障害児教員養成課程（特別支援教育教員養成課程）ないし学科を設置する必要があるとしていたが、2013年以降順次、障害児教育を担当できる教員養成コースが設置され、教員養成は再度開始された模様である。

②第25障害児学校（知的障害・特別支援学校）
【2012年2月8日・同年9月11日調査】

同校は1965年創設された。スフバートル区・チンギルティ区の知的障害児が通学している。児童数252人、42人の教員（2012年2月調査時）がいた。ロシアに留学し障害児教育を学んだ10人の教員がいる。1～9年生までの学校で2部制である。2008年からダウン症クラスをダウン症協会からの支援で設置した。同クラスは2つあり、6～10歳と10～12歳により編成されている。脳性マヒ児のクラスもある。

午前部の授業は9時30分に開始され、14時30分に終了する。途中で昼食があり、1限は40分で5分の休憩をはさむ。日本人ボランティアがいたことでIEP（個別支援教育）を導入しているが、まだ完全なものとはなっていない。また、現在は知的障害だけでなく自閉症児への対応に苦慮しているとのことであった。

③教育省特別支援教育担当者オトゴンスレン（Otogonsuren）氏
【2012年9月12日調査】

2012年6月末の総選挙の結果、民主党、公正連合（人民革命党・民族民主党）、国民勇気・緑の党による連立内閣が誕生したため、教育相も変わり、特別支援教育担当者であったオトゴンスレン氏も調査の翌日には別の担当者に変更となった。氏がヒアリング調査の際に語ってくれた障害児教育の数値と前述した数値には違いがあるが、比較的新しい数値としてヒアリングした内容を記述することにする。

モンゴルの学校では、小学1～3年までは進級試験がないが、4年以上は進級試験があり、9年生（中学3年）と12年生（高校3年）は卒業試験がある。これらの試験は毎年5～6月に実施され、障害児も受験しなければならない。特別支援学校6校でも試験が実施されている。ただし、教員の配慮で点数を加えることや受験条件を緩和するなどの対応がなされている。例えば通常学校では3か月学校を休むと受験資格を失うが、支援学校では、身体障害児については教員の自由配慮で受験可能とするなどの対応がなされている。

　モンゴルの統一カリキュラム（日本で言う学習指導要領）は、2004年小学校・中学校の教科別のものが作成されたが、支援学校向けのカリキュラムはなく、必要性を感じている（ただし、先述したとおり現在は、カリキュラムは作成されている）。

　筆者がウランバートル市内以外の地方の障害児の教育について質問したところ次のような回答を得た。軽度・中度の障害児は通常校で健常児と同じクラスで学んでいるが、重度の子どもは学校に行っていない。法の整備が十分でないために、子どもは学校に行き学びたいと願っていても行くことができないでいる。ウランバートル市内には6校の支援学校があり、地方からも寮に入り学んでいる子どももいるが、多くの子どもたちは学校に行けず、家で過ごしている。

　モンゴルの障害児は、幼稚園・小学校・中学校・高校あわせて18,000人いる。その内2,300人は支援学校に、15,000人は通常学校に通っている。モンゴルの調査では障害があり支援教育を必要とする子どもは24,000人いると推定されており、そうすると5,000人程が教育を受けていないこととなる[19]。家族の問題や障害を理由に学校に行っていない子どもが存在することは明らかである。

　21県ある各県の中心に1校ずつ支援学校を作ることをめざしている。現在、ザブハン・バヤンウルギー・ドルノド・フブスグル・エルデネットなど8地方で教育センターを作り、障害児の親の支援をしながら障害児が学べるように支援している。

　支援学校卒業生の中で軽度の子どもは大学に行っている場合もあるし、軽度・中度の子どもは専門学校に進学していることもある。重度の子どもはリハビリセンターの隣にある訓練施設でリハビリを受けながら専門家による指導を受けているが、こうしたセンターは現在までのところウランバートル市内に1か所のみである[20]。

④第10療養幼稚園

【2012年9月12日調査】[21]

　1964年に創設。当初は通常児のための幼稚園であった。1996年から障害児を受け入れたが、障害児の比率は50％だった。2008年から障害児のみの幼稚園となった。120人の障害児が入園しており、その内80％が新入園した子どもたちである。卒園した100人ほどの子どもたちは家にいて学校に行っていない。在籍している園児の内70％は重度障害であり、知的障害と肢体不自由の重複障害の子どもも多い。10人はダウン症である。

　年齢別にクラス編成をしている。つまり、1～3歳、3～5歳、5～7歳、8～12歳（小学校準備クラス）。1クラスは16人で担任1人とヘルパー2人が対応している。子どもたちは8時に来園し、朝食をとる。その後11時30分まで、個人またはグループの療育。11時30分から13時30分までに昼食をとる。全員に介助が必要なため、一斉に食事をとることができない。昼食後15時30分まで昼寝。15時30分から17時までは個人またはグループによる療育がなされている。

　子どもの診断は、国立子ども病院の精神科医が診断し、病院から同園を紹介されることとなっている。年々6か月までの早期診断を受ける子どもが増えている。重度の障害児も増え、重複障害児が増加しているように感じられる。双子で知的障害児もいる。こうした療養幼稚園は全国に1つしかないので、他にも新設してほしいと考えている。

⑤第55障害児学校（知的障害・特別支援学校）

【2012年9月12日調査】

　バヤンズルフ区にあり1978年創設。小学校から高校まで530人の子どもが通っている。1989年までは旧校舎だけだったので4クラスしかなかった。現在55人の教員と23人の職員がいる。知的障害児を現在480～490人受け入れている。小・中学部は障害児ばかりで知的（ダウン症含む）、自閉症、脳性マヒ、視覚、聴覚の障害である。小・中学部では通常校とは異なるカリキュラムを作成し、通常校と同じ教科書を使用して教えている。5年生用のものを4年生で使用するといった使用方法である。ただし、4年生のモンゴル語と算数は学校

独自の教科書を教員が作成し使用している。小・中学部では目標を明確にし、試験をして学年を上げていくことにしている。成績は、児童個人の能力を配慮して担任がつけている。

　小・中学部を終了後高校部の入試を受け合格すれば進学ができるが、不合格になれば自宅に戻ることとなる。高等部では特に2～3年生で専門の職業訓練を受ける。その内容は、コンピュータ、家具作り、裁縫、美容師、調理などで40～50％の生徒が就職する。軽度の生徒は大学や専門学校に進学する者もいる。

⑥第29障害児学校（聴覚障害・聾学校）
【2012年9月13日調査】

　1964年創設。モンゴルで最初の障害児学校（特別支援学校）である。創設当初は盲聾学校であり、校舎は隣あわせで、分離した第116障害児学校（盲学校）がある（後述）。340人の子どもが在籍し、その内200人が地方出身者で2つの寮に住む。教員は56人。モスクワ大学などで聾教育の専門知識を学んだ教員が12人いるが、その内5～6人があと数年で定年を迎え、新しく採用された教員は専門知識を身につけていない。できれば、ロシアだけでなく他の国で専門知識を学んだ教員を採用したいが難しい。

　教科書がないので教員たちで作成したくても予算がない。子どもたち一人ひとりに補聴器がない。高価なため個人での購入は難しい。2009年に1クラスだけロシア製の補聴器12台が入った。

　手話・口話法・指文字で指導がされている。指文字は1年生から、手話は挨拶などを小学校から教えている。1990年までは旧ソ連のカリキュラムで使用が禁じられていた。手話は標準化されておらず、地方により異なることもあり標準化しようとしている。1995年に手話辞書が作成されたが、改訂している。

　聴覚障害の原因は、遺伝、薬の副作用、災害、妊娠中の酒・煙草などが考えられる。病院に耳鼻科はあるが、モンゴルでは子どもたちに対し全国的に聴覚検査をしないようで、同校に来た子どもに対してのみ検査するようである。

　職業訓練も行われていて美容師、調理、木工、裁縫をしている。しかし、技術を身につけても就職は難しい。

⑦第116障害児学校（視覚障害・盲学校）
【2012年2月8日・同年9月13日調査】

　1964年創設。上記⑥とは2004年に分離・独立。81人の生徒（2月には85人だった）。22人の教員。専門知識をもつ教員が3人いる。60〜65人の生徒が寮で生活している。年々重複障害の子どもが増加しており、リハビリが必要な子どももいる。1年に1度しか入学できず、1クラス12人しか入学できないのでわずかな生徒しか学習できない。

　教員の専門性を高めるために2005〜2009年には外部の支援でマレーシア・台湾・インドの専門家が来て、1〜2週間、最大で1か月の研修に参加した教員もいる。海外の人から研修を受けた教員が新人教員の研修を行う場合もある。

　学内を見学した時、点字を打つ機械は設置されていることは確認できたが、相当古い点字機で、コンピュータ・ソフトを利用したものは開発されていないか、あるいは費用が高すぎて導入されていなかった。

⑧障害のある子どもをもつ親の会会長セレンゲ・サムブゥ（Selenge・Sambuu）氏
【2012年9月13日調査】

　2000年に結成された会で、事務所は第29障害児学校内にある。月2回、親同士のミーティングを行っている。教育省の発表によると158,000〜20万人が障害者で、視覚障害者がその内40〜50％という。しかし、診断基準がしっかりしていないため、この数字は信憑性に欠ける。つまり、眼鏡をかける人も障害者の中に含んでいるかも知れない。2010年の統計によれば、0〜18歳の子どもで特別支援教育が必要な子どもは約16,000人と発表されている。教育省の発表と違いが大きすぎ、誰が障害児なのかが曖昧である。ようやく基準が必要だとわかり、基準づくりがはじまったが、子どもは発達していくから基準ができるのを待っていられない。

　自閉症や知的障害は何なのかを一般の人たちが理解できていない。本年（2012年）4月、中央アジア自閉症ネットワークに参加し、さまざまなことを学んだ。モンゴルでは障害児に医師だけが関わり診断しているが、多くの国では、医師・精神科医・教師・ソーシャルワーカーが診断に携わり総合的に判断している。また、モンゴルでは診断されても放置されていることが多いが、他

国では診断後どのようなことが必要かチームで考え、IEP（個別支援計画）を作成していることを知った。経済的な支援についてもどれくらいの支援が必要かを調べて支援しているが、モンゴルでは支援費を出せばそれでよいというもので審査も基準もなく遅れているように感じた。また、モンゴルでは特別支援教育は教育省、経済支援は社会福祉労働省と管轄が違い連携もなされていない。

　さらに、モンゴルでは一般的に保護者たちは、障害児は薬を飲ませば治ると思っているし、障害があると家で過ごすのが望ましいと思っている。モンゴルは先進国に比べ障害の診断が遅く、適切な治療・療育・教育が受けられていない。学校でも1クラスにたくさんの子どもがおり、さまざまな障害をもつ子どもが混ざったクラス編成になっている。年齢もさまざまである。そこで実力のある先生が力を発揮できない状態になってしまっている。このようなクラス編成では個人のニーズにあった教育を受けることは困難である。

　家から出ることができない障害児を学校に行かせることは大切なことだが、重度の障害をもつ子どもは家の中で何もせず寝たままの状態で過ごしている。学校に行かせても、学校が子どもの障害に対応できる環境になっていないために学校をやめさせてしまう親もいる。

　教育省は障害児が「読む・書く・計算できる」ことをめざしているが、果たしてそれでよいのか疑問に思う。10歳になっても1人で服を着ることができなければ、生きていくことは難しいのではないか。教育省の考え方も変えてもらいたい。また、特別支援教育の専門家が減っているのも大きな問題である。現在は特別支援教育教員養成課程がある大学がない。特別支援教育について知らずに、教育現場に入った後、これについて学んでいる教員が多い。社会の構造が複雑になればなるほど障害をもつ子どもが増える。先進国がそうだったようにどこの国でも経済発展が進めば起こる現象である。親の会は「発達保障論」を訴えている。親の力なければ、親の訴えがなければ国が動くことはない。

⑨**第70障害児学校（知的障害・特別支援学校）**
　【2012年9月13日調査】
　ウランバートル市内バヤンゴル区とソンギノハイルハン区の知的障害児が学ぶ。これ以外に遠くのゲル地区から来る子も多く、遠い子は学校に来るのが大

変である。社会主義時代にはスクールバスがあったが、現在はない22)。全校生徒204人。教師29人。このうち特別支援教育専門の教員は7人。だが、皆定年が近い。2つ目の校舎が2013年11月に完成予定である。学校では小学部1～6年生、中学部1～3年生を教えている。来年新しい校舎が完成するので、旧校舎で高等部をもち職業訓練（美容・エステシャン・裁縫・手工芸・製菓・製パン）を行う予定である。3年前から学2～3年生の授業に美容がある。これを学んでいる子どもたちを高等部に進学させたい。現在、高等部のカリキュラムを作成中だが、政権の変化で職業訓練については教育省から社会福祉労働省に変わったため、どうなるかわからない。

　学校は18クラスあり、2部制である。午前は8時～11時45分。午後は12時～16時30分。1クラス10～15人。担任1人。中学部の子どもたちは人数的に大きな問題はないが、小学部、特に1・2年生の子ども15人に担任1人では困難である。小学部には8人の子どもが車イスでで、1クラスに最大で2人いる場合がある。親のサポートがあるが、自閉症・ダウン症の子どもも各クラス1～2人いるので担任1人では大変な状況である。1～5年生の教員はOTの資格をもつ者もいる、子どもたちは基礎科目（教科教育）と自立活動科目を学んでいる。自立活動はOT・PT・STが担当し、個人の場合は1人20分。少人数グループでは1回40分の授業を行っている。

　IEPは実施していないが、かつてボランティアで来ていた方が重度の子どもにIEPを実施しようとされていた。学校では当初IEPの意味すらわからなかったが、必要性を理解し、重度の子どもに対するIEPを作成し、実施したいと考えている。

⑩第63障害児学校（知的障害・特別支援学校）
【2012年9月14日調査】

　ウランバートル市内ハンウール地区（同市内で最も寒いという地区で、空港近くのゲル地区内）の学校。1975年創設。1990年の民主化以降に仕事を求めウランバートル市に来た人、子どもに障害があるので市内の学校に通わせるために引っ越してきた人たちが多く、親は貧しく、無職か遊牧民の家畜の世話をしてわずかな収入を得ている。生徒数は215人であり、全員がゲル地区から通っている。

同地区は14のホロー（区割）があり、8月中旬から教員が各ホローを担当し、地区の社会部と協力して障害児の調査をし、学校に行っていない子どもがいれば学校に来るよう説得している。親は障害児を自宅に隠す傾向があるため、1年生のクラスに12歳くらいの子どもが学ぶことも珍しくない。教員は、全部で27人。そのうち特別支援教育を学んだ教員は3人で、1人はハンガリーで、残りは旧ソ連で学んだ。これ以外の教員はすべてモンゴル師範大学卒業の教員である。

　学校には1台のワールドビジョンという団体から寄贈されたスクールバスがあり、朝6時に出発し、子どもたちを迎えに行く。21人乗りのバスだが、スクールバスを必要する子どもは60人以上いるので複数回往復し、教員が通勤途中に子どもたちを迎えに行くこともなされている。車イスの子どもがバスや車以外に自分で通学することは不可能に近い。

　しかもスクールバスの燃料費は教員が順番に1日2万トゥグルグ（1400円ほど）をカンパすることで運行されている。教員の給与は決して高くはないが彼らは「子どもたちが学校に来るために必要であり、子どもが学校に通えなくなることの方が問題だ」と語る。

　モンゴルの冬の寒さはマイナス20〜30℃になることが普通で、この地区が市内でも最も寒いとなると子どもたちの通学は命がけである。バスが来るまで、授業がはじまるまで、子どもたちは寒さに震えながら待たなければならない。遠距離通学をなくすためには寮が必要であるが、市内には寮を完備した知的障害児の支援学校はない。当然、教材・教具は不足し、教員や保護者が手づくりし（実際に手づくりされた机を見学した）、物品を販売して得た収入で市内よりも安く手に入る中国にまで買出しに行くこともある。

　同校は1部制である。授業は朝9時からはじまる。小学1〜5年生は12時45分で終了（調査時に6年生はいなかった）。中学1年は13時30分に、中学2〜3年生は日により違うが14時15分、15時30分まである。すべての学年の授業は、基礎科目と自立活動科目があり、自立活動科目は個人差があるので、教員が個人ないし3人程度のグループで指導している。教育省の基準では1クラス12人に担任1人と決まっているが、もっと少人数で指導したいが法律があり難しい。肢体不自由児のクラスも5年前に設置した、現在は9人が在籍する。担任1人では大変なので補助教員1人を学校の判断でつけている。

まとめにかえて

　モンゴルでは、新自由主義的市場経済化が急速に進行し、貧富の格差が拡大している中で、国民に対する生活権保障・教育権保障は後回しにされがちである。特に障害児をはじめとする社会的弱者に陥りやすい、あるいは陥っている人々への対応は遅れていると言わねばならない。まして本稿で簡単に触れたようにかつての社会主義時代にある程度の権利保障がなされていた経験をもつから、なおさら現在の状況は深刻なものと受けとられることであろう。

　障害児教育（特別支援教育）に限定すれば、旧ソ連・東欧圏で専門教育を受けた教員が次々に定年・退職を迎えている中で早急に専門的知識をもつ教員の養成を図るべきである。そのための努力はすでにはじまっているとはいえ、障害のある子どもをもつ親の会会長が述べているように、教員だけでなく医師・ソーシャルワーカーなどが連携して対応できるようにならなければいけないだろう。そのために親たちは声をあげ、訴え続けている。

【注】
1）石倉健二「モンゴルにおける障害児者の状況に関する現地報告」・「同（2）」（『兵庫教育大学研究紀要』第40巻（2012年）・『同』第43巻（2013年））、日本福祉大学COEモンゴル研究グループ『「モンゴルの障害者とその家族に関する実証的研究」B調査報告』（2007年度）、独立行政法人国際協力機構人間開発部『モンゴル国特別支援教育にかかる情報収集・確認調査報告書』（2014年）、（0pen_jicareport,jica.go.jp/pdf/12/83372.pdf、2016年9月29日アクセス）。
2）「諸外国・地域の学校情報　モンゴル」（http://www.mofa.go.jp/mofai/tokyo/corldschool/01asia/infoC12000.htm.、2013年1月23日アクセス）
3）以下、特別な注記がない場合はすべて京都市内で行われた国際シンポジウム「障害児教育・インクルーシブ教育の国際比較研究―ロシア、ドイツ、モンゴル、ベトナム＆学術講演会」のうち2012年12月1日（於：キャンパスプラザ京都）で開催されたシンポジウムでのモンゴル師範大学教育方法学科科長オドゲレル・ダンディ氏の報告「モンゴルにおける障害児教育の概要」を参照している。
4）『モンゴル国特別教育にかかる情報収集・確認調査報告』では、「1962年、ブルガリアの専門家によりウランバートル市第1学校に視覚障害及び聴覚障害を対象とする特

別クラスが設置された」（同25ページ）とある。また、同報告（25ページ）では林賢三の「モンゴルにおける特別なニーズ教育の現状と課題」（『発達障害研究』第32巻第2号、2010年）を引用し、同国の特別なニーズ教育の歴史を「①1962～1990年の『分離教育の時期』、②1991～2002年の『インテグレーション教育の概念が出てきた時期』、③2003年以降の『インクルーシブ教育の概念が出てきて、実践する時期』」と紹介している。

5）「モンゴルの障害者支援」2/3ページ（http://www.asiadisability.com/~yuki/142.html）2013年1月23日アクセス。これとは別に長沢孝司らの調査では、2004年のモンゴルにおける障害者の登録・抽出調査報告書を引用している。すなわち、「モンゴルでは6万9263人の障害者がいるという統計データがある。これは全人口の2.8％を占めている。全障害者の24万6千人（35.5％）が遺伝性および先天性の障害者、44万7千人（64.5％）が後天性の障害者である。後天性の主な原因は感染および疾病によるもの、薬の間違った使用、事故である」（日本福祉大学COEモンゴル研究グループ『「モンゴルの障害者とその家族に関する実証的研究」B調査報告』（2007年度）10ページ。

6）同前『モンゴル特別教育にかかる情報収集・確認調査報告』でも、「モンゴルにおける障害者の人口動態把握は極めて困難である。保健省は障害者統計を持たず、教育省の統計には就学していない学童期の障害児の情報が欠けている」（12ページ）とある。なお、同報告13ページには、「障害者人口全体における障害種別の内訳」という円グラフが掲載されている。その数を紹介すると、視覚障害15％、聴覚・視覚障害14％、肢体不自由18％、てんかん9％、精神疾患7％。知的障害10％、重複障害27％となっている。

7）注6）の「モンゴルの障害者支援」に同じ。また、長沢孝司らの調査では、就学年齢の障害児は、障害が軽度の場合は小学校あるいは中学校に通っている（中学校通学率28.5％）が、中度・重度の障害児の場合は、中途退学あるいは学校に行くこと自体をあきらめた者が66.6％で、以前は学校に行っていたが、身分証明書を喪失した、金銭面でのゆとりがないなどの理由で33.4％が中退を余儀なくされていることがわかる（前掲「「モンゴルの障害者とその家族に関する実証的研究」B調査報告』17ページ）。

8）「モンゴルの障害者支援」に同じ。これとは別に長沢孝司らの調査では、「先天性の障害児が30％、後天性の障害児が70％であり」、後天性とは交通事故をはじめ、食糧および栄養不足、子どもへの関心が薄弱であり、子どもへの虐待の結果」だと記している（日本福祉大学COEモンゴル研究グループ『「モンゴルの障害者とその家族に関する実証的研究」B調査報告』（2007年度）（13～14ページ）とある。

9）長沢孝司「モンゴル遊牧民の障害者とその家族」（『日本福祉大学社会福祉論集』第122号。2010年）8ページ。

10)「モンゴルの障害者支援」14ページ。
11) 前掲『モンゴルの障害者とその家族に関する実証的研究』B調査報告』12ページ。なお、『モンゴル特別教育にかかる情報収集・確認調査報告』15ページには、2008年の旧社会福祉労働省統計として、「労働人口のうち障害者数は48,489人であり、そのうち12,802人（26,4％）が何らかの形で労働に従事」している」とある。
12) 前掲「モンゴル遊牧民の障害者とその家族」10 ～ 11ページ。
13)『モンゴル特別教育にかかる情報収集・確認調査報告』16ページ。
14)『モンゴルの障害者とその家族に関する実証的研究』B調査報告』12ページ。障害児学校については、『モンゴル特別教育にかかる情報収集・確認調査報告』26ページに、「1989年までの間にダルハン・オール県、オルホン県など18県に特別学校が設置され、ウランバートル市の6校と合わせて26校となった。当時は国費により給食の提供やバスの配置も行われていた。しかし、1989年以降、市場経済の移行に伴う社会的、経済的混乱から特別学校の多くが閉鎖され、ウランバートル市に6校を残すのみとなった」と障害児教育の後退が指摘されている。
15) この点について前掲「モンゴルの障害者支援」でも「かつてソ連や東欧に留学して専門に障害児教育を学んだ教員は年齢が高く、若手教員は、モンゴル国内で障害児教育を専攻することができないため、一般の教員養成大学を出ただけの教員が増えているとのことです」3/6ページと記されている。『モンゴル特別教育にかかる情報収集・確認調査報告』47ページにはより詳しく、「1962年にモンゴルにおいて障害児を対象とした教育を開始して以降、ロシアやハンガリーの大学で専門教員が養成されてきた。4年間で主に障害児に関する医学的な知識を身につけ、5年目に教授法を習得するという教育課程が一般的であった。・モスクワ留学者：主に知的障害の専門家として養成された。・イルクーツク留学者：主に知的障害及び言語障害の専門家として養成された。・レニングラード留学者：主に視覚障害及び言語障害の専門家、もしくは聴覚障害及び言語障害の専門家として養成された。ハンガリー留学者：主に聴覚障害及び言語障害の専門家として養成された。ソビエト崩壊を機に、ロシアやハンガリーへの留学は行われなくなった。1996年にイルクーツクから帰国した2名が最後の卒業生だという」。

さらに、同報告書48 ～ 49ページには、2013年12月現在、同大学には「特別なニーズ教育を専門とする教員が5名」在籍し、……2013/2014年度、特別学校や幼稚園に勤務する48名を対象に1年間で38単位取得できる夜間コースを開設し、……修了者には免許ではなく修了書が授与される予定である」こと、さらに、今後「同コースは、……教員養成学部もしくは就学前教育学部に移管される予定」となっているとのことである。
16) 具体的には、教育法・初等中等教育法・就学前教育法・障害者社会保障法が該当する、

（前掲『モンゴル特別教育にかかる情報収集・確認調査報告』27 〜 31ページ）。
17）『モンゴル特別教育にかかる情報収集・確認調査報告』33 〜 47ページ。
18）本調査については、日本特殊教育学会第50回大会、自主企画シンポジュウム59（2012年9月30日開催）で、「特別ニーズ教育の国際比較研究（その1）―ロシア・モンゴル・ベトナム・キューバ―」の共同報告者の1人として、向井がモンゴルの報告を担当した。共同報告者は、黒田学（立命館大学）、荒木美知子（大阪女子短大・当時）、荒木穂積（立命館大学）である。
19）なお、先引した表2の小児の障害児は1万1818人であり、人数面で開きがある。『モンゴル特別教育にかかる情報収集・確認調査報告』51ページには、「2004年当時、7 〜 18歳の障害児6,713名のうち2,920名（約43％）が学校で全く学習したことがない」と記されている。さらに、同報告59 〜 60ページには、「2013/2014年度に就学している障害児は16,373名であり、特別学校に通学している上記の1,632名（116・29・25・55・63・70の各特別学校の児童数―引者注）を除く14,741名は普通学校に通っている」とある。
20）『モンゴル特別教育にかかる情報収集・確認調査報告』15ページには、「2013年の社会福祉法の改正により、各県にリハビリテーションを設置し、自治体が独自に実施できるような体制にする計画が2014年1月から本格的に実施される見込みである」と記されている。
21）同幼稚園の最新の情報は、『モンゴル特別教育にかかる情報収集・確認調査報告』52 〜 54ページに記されているが、おおよその内容は変化がない。
22）『モンゴル特別教育にかかる情報収集・確認調査報告』66ページにも、「（スクール―引者注）バスがあるのは第25特別学校及び第63特別学校である。寄宿舎はどの学校にもない」とある。

　本研究は、JSPS科学研究費補助金「特別なニーズをもつ子どもへの教育・社会開発に関する比較研究」（基盤研究（A）、課題番号23252010、2011年度〜 2015年度、研究代表者：黒田学）に基づいている。なお、本稿は、『仏教福祉学』種智院大学仏教福祉学会、第22号、2013年3月に掲載した「モンゴルにおける障害児教育（特別支援教育）の現状―首都ウランバートルでの調査―」に加筆・修正したものである。

調査報告⑤

ネパール・カトマンズ市と周辺地域の障害児教育施設・高齢者施設・病院の実情

向井啓二、武分祥子

はじめに

2015年4月25日午前11時56分（日本時間午後3時11分）、ネパールの首都カトマンズを含む盆地地域をマグネチュード7.8の大地震が襲った。さらに、5月12日にもマグネチュード7.3の大地震があり、被害は拡大した。2度にわたる地震の結果、カトマンズ市内やパタン市、バクプール市などの世界文化遺産に指定されていた建物が倒壊・全壊した。

私たちは巨大地震がおこる前年、2014年9月12日〜16日にかけて同国カトマンズ市内および周辺の障害児施設・高齢者施設・病院への訪問調査を行った。地震後知りえた情報によれば、幸いなことに私たちが調査をした施設はかろうじて倒壊・全壊を免れ、施設・病院は維持・運営されている。しかし、地震後すでに1年を経過しているが、現地では未だ壊れた施設や困難な状況の中で、苦しい生活を強いられている庶民・障害者が多い[1]。

本稿は、巨大地震が発生する以前のカトマンズ市とその周辺の施設・病院の調査報告である。全体としてネパールに関する障害者・高齢者などの施設・病院に関する先行研究自体が少ない状況に鑑み、短い期間でわずかな調査しか行えていないことを承知した上で、報告をまとめることとしたい。

1　ネパールの概況

　エベレスト（サガルマータ）登山で知られるネパールであるが、同国の現状については意外と知られていない。つまり、2015年の巨大地震が起きるまでは、登山と世界遺産（文化遺産・自然遺産）に関心がなければ、ほとんど注目されることがない国であったと言えよう。といっても、日本人の世界遺産への観光と登山目当ての旅行者が増加していたことは事実である。

　まず、政治について。ネパールの変化のうち最も劇的な変化は、2008年5月の王制が廃止され、共和制へと転換したことであろう[2]。この時に制憲議会が実施され、王政から連邦民主共和制に移行することが決定された。その後、制憲議会が憲法制定をすることができず、2013年3月、制憲議会再選挙実施のために選挙管理内閣が発足してもなお、憲法制定に至らず、2015年9月ようやく新憲法制定にこぎつけた。同年10月、オリ新政権が誕生したが、2016年7月、与野党の対立によりオリ首相が辞任し、同年8月、パシュマ・カマル・ダハール（プラチャンダともいい、これは武装闘争時のニックネーム）がネパール共産党マオイスト（毛沢東主義者）・センター議長が新たな首相となった[3]。

　共産党（マオイストを中心とする）が政権を担っているといっても経済は中央集権的な社会主義経済を採用しているわけではない。市場経済を採用しており、中国やベトナムのような社会主義をめざす市場経済（改革開放やドイモイ）といった政策を採用していると表明しているわけでもない。確かに、経済的弱者・少数民族に対し一定程度の対応をしようという姿勢は見られるが、観光を基盤に経済的発展を遂げようとした矢先に大地震に見舞われ、困難な状況に苦しんでいると言える。

　同国は、国連の分類ば、後発開発途上国の一つであり、国際的な協力・援助が必要な国である。

　ネパールの教育制度は、1〜8年

表1　ネパールの基本統計（2015年）

人口	2851, 4万人
18歳未満人口	1131, 6万人
5歳未満人口	280, 7万人
人口増加率	1,0（2015〜2030年）
平均余命	70歳
1歳児未満死亡率	29%
5歳児未満死亡率	36%
成人識字率	60%（2009〜2014年）
初等教育純就学率	95%（2010〜2014年）
1人当たりGNI	730USD

出所）ユニセフ『世界子供白書』2016年（日本語版）から向井が作成。

生までの基礎教育、9～12年生の中等教育、それ以上の大学となっており、12年制である。満5歳以上で1年生に入学でき、8年生までは無償、9・10年生は女子とダリット(カースト制の最も低い身分の人々)のみ無償。教科書は10年生まで無料。10年生と12年生終了時に全国共通の認定試験SLC（School Leaving Certificate）が実施される。高校進学率は都市部では高いが、地方や山間部では低い[4]。

2　障害者数と障害者教育・福祉制度

障害児者の現状について現在知られるデータは以下のとおりである。

表2の数字がどれほど信用できるか否かは不明である。出所で示した報告にも「そもそも政府・地方自治体が正確な障害者住民情報を収集・把握できていないことが問題の根底にあろう。とくに遠隔地・僻地では地方自治体による情報収集能力が不足している」[6]と記されている。

ネパールの障害者に対する政策・制度（法令含む）についても、先引した報告である程度理解できる。この点について要約したい[7]。

障害者に対する法制として最初のものは、1854年制定された「国法」を1964年に改正した国法で、障害者に対する規定がある。また同年、政府はカトマンズに盲児童を対象に特別教育を開始した。1969年には、ネパール障害者協会(Nepal Disabled Association ＝NDA)が発足した。1971年に教育法が制定され、

表2　ネパールの障害者人口（2001年）[5]

障害者			身体障害者			視覚障害者（盲）		
男性	女性	計	男性	女性	計	男性	女性	計
47,162	56,633	103,795	19,797	21,001	40,798	5,483	11,043	16,526
		100.0			39.3			15.9
聴覚障害（聾）			知的障害			重複障害		
男性	女性	計	男性	女性	計	男性	女性	計
11,948	13,592	25,540	6,479	6,692	13,171	3,455	4,305	7,760
		24.6			12.7			7.5

出所）井上恭子「ネパールの障害者政策の展開と障害当事者・障害者団体」(森壮也編『南アジアの障害当事者と障害者政策』調査報告書、アジア経済研究所、2010年) 24ページを向井が修正した。

障害児童への特別教育を実施することが記された。同年に発表されたNational Education System Plan（NSEP　国民教育体系計画）では特別教育についての記述がある。1973年、教育省内に特別教育審議会（Special Education Council＝SEC）が設置された。

　1981年の国連の国際障害者年の取り組みはネパールにも影響を及ぼし、1981年、労働・社会福祉省が設置され、障害者政策に取り組むこととなった。この流れの中で翌年には障害者福祉法が成立した。1990年には憲法が改正され、その第11条3項で障害者を含む社会的弱者（女性・高齢者・少数民族・カースト低位グループの人々など）の差別を禁じ、特別法を設け保護することなどが明示された。翌年には障害者救済基金も設置され、第7次5か年計画（1985～1990年）で障害者の社会的統合にも触れた。

　1992年制定された児童法では、障害児・孤児は16歳になるまで政府の児童福祉施設に収容すること。16歳を超えても行き場がない場合は18歳まで延長できることとした。また、同年12月3日から毎年、この日を国際障害者年記念日とすることとなった。さらに、1971年制定の教育法の細則として92年に教育規則が決まり、教育法の実施が可能となった。同規則では、障害児が教育を受ける特別教育学校（障害児学校）は政府から特別の便宜を受けること、学校教育に統合学校（integrated school）の概念が導入された。

　政府部内の変更もなされ、1977年に設置された社会サービス国民共同審議会（Social Services National Co-ordination Council＝SSNCC）に代わり1992年には社会福祉協議会が女性・児童・社会福祉省の下に設けられた。1977年設置のSSNCCは、障害者当事者団体や各種民間団体を王妃が統制することを目的としたものであったが、社会福祉協議会となったことで各種NGOや団体のより幅広い活動が可能になった。

　1996年、障害者サービス国家行動計画が出され、障害者に対する活動が本格化し、翌年の第9次5か年計画（1997～2002年）では家族・地域を含めたリハビリテーションの構想が打ち出され、障害者を雇用する企業への支援も盛り込まれた。1998年、地方自治法は県開発委員会と配下の村落開発委員会、地区委員会を置き、障害者だけでなく社会的弱者全を支援する義務とこれらの人々の活動を記録する義務をもたせた。ついで第10次5か年計画（2002～2007

年）では、障害者のニーズに応じたサービスの提供の重要性を指摘した。また、1996年の特別教育政策は、社会的弱者全般に対応した特別教育を実施することし、これを受けて2001年には教育をすべての人々に国民行動プランが開始され、Education for ALL（EFA）プログラムが盛り込まれた。

　障害者だけに特化した政策としては、2006年7月に障害者行動計画が発表され、障害者の雇用・自立、彼らを取りまく社会の意識変革までを射程に入れた総合的な支援・ケアの方向性が示された。特にネパールは、2010年5月7日、国連障害者権利条約を批准し、さらに2015年4月には、国内で障害者権利法案を国会で通過させたことから国際的な基準に準じた障害児者への教育・福祉が進められていく方向性は明確となったといえよう。

　以上のように、障害者に対する制度の充実、法制の整備・拡充は図られているかのように見えるし、事実一定程度進展しているとも考えられるが、「実際には政府による障害者支援策は機能しているとはいえない状況で」あり、「カトマンズから離れた農村に住む障害者に対してまったく支援が行き届いていないのが現状で」ある。例えば、先述した地方自治法で決められた障害者登録制度についても「○登録の基準となる『障害者』の定義が曖昧で徹底されていない　○障害手当て支給の窓口となる農村開発委員会の職員の研修が不十分　○障害者に登録制度を認知させる広報ができていない　○障害者とVDC（農村開発委員会）への物理的アクセスが困難などの理由から、現在のところ手当てやサービスはそれらを必要とする障害者に行き渡っていません」[8]と述べられている。

3　高齢者数と高齢者福祉制度

　表3からもわかるように、ネパールも高齢化は進んでいる。表1で見たように2015年の平均余命が70歳であるから、確実に高齢化が加速しているといって良い[9]。

　では、高齢者の政策・福祉制度はどうなっているのか。先引した中村論文を要約したい[10]。

　1963年の民法典第11条に、高齢者の世話についての記述がなされて以後、

表3　ネパールにおける高齢者の状況

国勢調査年度	総人口	高齢人口	総人口に含む高齢者人口比率
1952/1954年	8,256,625人	409,761人	4.99%
1961年	9,412,996人	489,346人	5.22%
1971年	11,555,983人	621,597人	5.61%
2001年	22,736,934人	1,477,379人	6.50%

出所）ネパール中央統計部門を参考資料にした表で、中村律子「ネパールにおける『Sewaの場』と老人ホームの位置」（法政大学『現代福祉研究』第11号、2011年）128ページから引用した。なお、ネパールでは歴年齢で60歳以上を高齢者としている。

　1990年憲法でも高齢者・障害者などを保護することが明記された。2節で述べた1997年の第9次5か年計画では高齢者に対しても方針が出され、①すべての市町村が高齢者を記録し、2年ごとに更新する。②高齢者手当を実施する。③公立病院は高齢者の病棟を設け定期健診その他のサービスを割引額で実施する。④すべての開発地域に高齢者施設を設立し、娯楽や宗教講話などを提供する。⑤バスなど公共交通で高齢者優先席を設け、割引額で利用できるようにするとした。ついで、第10次5か年計画では、①高齢者の権利・経済的社会的保障のための法律・規則・実行計画を策定・組織化する。②政府・NGOを提供する老人ホームのプログラム充実、高齢者手当・経済保障の拡大。③高齢者の経験を利用し政策を策定する。④病院・公共交通機関での高齢者向けサービスの提供。⑤高齢者向けサービスは地方自治体・民間・市民で連携したものとすることを明らかにした。

　高齢者向けの社会保障制度である高齢者手当は、1994年頃から政府が5つの開発地域（郡部・農村部をこのように総称する）で、75歳以上の人々に月100ルピーの支給が実施された。その後1996年に全75郡に拡大し、1998年支給手続き責任者を地区社会福祉委員会（Local Self Governance Act）とした。支給額も1999年、月150ルピーに増額され、生活に困窮する60歳以上の寡婦には月額100ルピー支給されることとなり、2009年8月のマオイスト政権では70歳以上の高齢者および60歳以上の寡婦には月500ルピー支給されるようになった[11]。

　その後、2000年代に入ると、「高齢者ナショナルプラン2005年」「高齢者福祉基金」「高齢者法2006年」「高齢者健康治療に関する規則2004/5年」「高齢

者に関する規則2007年」などが発表された。なかでも「高齢者法2006年」では、高齢者を暦年齢60歳以上と定め、身寄りがなく、収入がない高齢者についても定義された。また、「高齢者健康治療に関する規則2004／5年」では、貧困と栄養状態の悪さが高齢者の死亡につながっているとして、その改善をめざしている。さらに、「第11次5か年計画（2007－2012）では『老人施設の設立』、第12次5か年計画（2012－2017）では『老人施設の拡大』」[12]がめざされている。ただ、冒頭に記したとおり、巨大地震の発生の結果、障害者教育・福祉、高齢者福祉の充実のための計画の進行は、人々の地震後の生活復旧・復興が最優先され、その実現には大きな障壁が立ちはだかっていることと推測される。

4　ネパールの医療事情

　ネパールの医療事情についての先行研究もさほど多くなく、現状の一端が紹介されている程度である。それでも、わずかではあるが、これらを利用し、同国の医療事情の概要を紹介したい。結論から述べれば、同国の衛生状態は決してよい状態ではない。表1に記載した5歳未満児の死亡率は36％、順位で63位と上位に位置し、妊産婦死亡率も280X（2010～2015年）と決して低くない。つまり、これらの数値が高いことは、衛生状態がよくない環境で女性（妊産婦）や子どもが生活していることを示していると考えてよいだろう。
　では、どのような感染症が広がっているのだろうか。同国の主要感染症は「下痢性疾患、急性呼吸器感染症、ウイルス性肝炎、日本脳炎、カラアザール（肝臓・

表4　ネパールの衛生指標（2015）

改善された飲用水源を利用する人の割合	92%（全体）
改善された衛生施設を利用する人の割合	46%（全体）
肺炎の症状がある子どものケア	69X%
下痢をした5歳未満児のうち経口食塩水による治療を受けた割合	44%
マラリア（熱がある子どものケア）（2010～15年）	46%
成人のHIV感染率（2014年）推定	0.2%

出所）ユニセフ『世界子供白書』2016年（日本語版）から向井が作成。

脾臓肥大、貧血、発熱を主病状とする原虫性疾患）、マラリア、結核、エイズなど」[13]である。これ以外にもサイクロスポラ症という「水様下痢、食欲不振、倦怠感、体重減少を主症状とする疾患」で1989年に病原体が初めて報告されたものや、デング熱の発生もある[14]。

「医療施設は、カトマンズの中央病院（ビル病院―次節参照）を中心に11地区に地区病院、64県に県病院、ヘルスポストセンターが配置されている。（中略）カトマンズには大きな病院として国立ビル病院、トリバン大学病院、カンティ小児科院、陸軍病院、警察病院などがありその他ナーシングホームとよばれるプライベートクリニックが多数あ」るが、病院内はとても清潔とはいえない状態にある[15]。

5　3施設の訪問調査

(1) パタンCBR機関（Patan Community Based Rehabilitation Organization）
【2014年9月12日・同15日調査】

ここで言うCBRとは地域を基礎にした障害者のリハビリテーションのことで、開発途上国で多く見られる組織である。場所はカトマンズ近郊のパタン市にあり、日本人を含む外国人も調査をしているようである。事実1999年9月12日〜翌年1月15日まで調査に入った菊田寛子の報告にも、報告内容の記述がある[16]。その後、菊池以外の日本人が調査したか否かは不明であるので、2014年の私たちの調査内容を以下に記すことにする。

この施設は、1995年にCBRができそれを基礎に1999年、現在の施設が完成した。スタッフは17人（男性8人・女性9人）おり、14人が常勤、3人が非常勤（2人が女性、1人が男性）である。生徒50人で、うち40人が通学者（通学バス有）、3～24歳の子どもがいる。子どもたちの障害種別は、自閉症・脳性マヒ、知的障害、身体障害、二分脊椎などである。子どもたちの学費は完全に無料ではない。スポンサーを探し協力してもらい補充している。このCBRに来ている子どもの発達診断は、施設ではしていないが病院で知能指数を調べている。

保護者とのかかわり方としては、親に子どもの障害の実態を教えているが、

貧しい人が多く、サポートしにくいという。3か月に1度程度、保護者に対してミーティングなどをしている。親との相談で、子どもがCBRに来ると成長して、障害が治ると思う人が多い。そうではないことを理解させることが難しいという。

　同施設を調査した菊池も記していることであるが、この施設は「リハビリテーション機関としての（CBRO = Community Based Rehabilitation Organization―引者注）というよりも、教育施設という印象の強い施設である」[17]というのが私たちの感想でもある。こうしたことは開発途上国でよく見受けられることで、障害者施設（CBR施設を含む）でありながら、実態としては教育機関として活動せざるを得ないということなのであろう。注5）に示したように、「特別／殊学校は28校で、合計1,509人の子どもたちが（特別／特殊学校に―引者注）通っている」に過ぎないという実態であり、自閉症や知的障害児への対応は、視覚・聴覚のいわば従来から存在しており、対応の仕方や教育方法も理解できている子どもたちに比べれば、どのように教育を行い、子どもたちに接すればよいのかが同施設の海外のNGOなどと交流があり、施設関係者がこれらを通して新たな知識・教育方法などを学ぼうとしない限り難しいと考えるからである。

⑵ブンガマティ協同組合（Co-operative Society Bungamati Ltd）
【2014年9月13日調査】
　事前にネパールの高齢化の進行について理解していなかった私たちにとって、同施設は刺激的であった。というのも、伝統的な家族主義に基づく高齢者に対する世話・介護がなされていることが普通であるという「錯覚」が見事に裏切られた結果になったからである。帰国後に改めて先行研究を調べ直した結果、次のような記述があることを知った。すなわち、近代化が進むネパール社会では、社会のグローバル化のなかで、核家族化の進行、地域関係の変容がみられ、高齢者の日中を過ごす場も、これまでは家族・家庭、地域が中心であったものが、デイケアセンターなどを利用して過ごすといった状況もみられるようになった。たとえば、つい10年前までは、チョーク（広場）やバハー（寺院の裏にある広場）、バヒ（休憩所にもなる寺院）で、同年代の仲間たちと世間話などをしながら日中を過ごしてきた高齢者が、おおむね午前11時ごろから午後3時までデイ

ケアセンターへ通い、お祈り、ヨガ、軽食、宗教講話、高齢者同士あるいはボランティアやスタッフとの会話を楽しむようになってきている[18]。

というのである。私たちがカトマンズから少し離れたブンガマティで調査した高齢者施設はまさに、引用文にある通りのデイケアセンターであった。

この施設は1991年設立された。施設名の英文末尾に「Ltd」とあるから、有限責任をもつNGOないし企業（株式会社）が経営（運営）に当っているとも理解できる。施設は、もともとカトマンズの個人の家にあったが、2013年、カトマンズ郊外の農村地域であるブンガマティに引っ越してできたものある。見学当時、施設はまだ新しくきれいな建物であった。施設の2階以上の部屋は、他人に貸して収入を得て、施設の費用としている。調査当日はちょうど土曜日だったので、下宿している若者数名とも挨拶した。彼らは高齢者との交流を嫌ってはいないようだった。

ヒアリング調査によると、この施設には、およそ50人の老人（男性10人・女性40人）が参加し、デイケアを楽しんでいるという。地元の高齢者で経済的には中の下くらいの階層の人たちが多い。ここでも、高齢者の男女比が、圧倒的に女性が多いことに驚かされる。ともかく、女性たちは元気で楽しそうである。何をするにも笑い、おしゃべりをしながら、次々とセンターで実施される行事ごとに取り組んでいく。

施設のスタッフはボランティアで、1人だけが常勤である。土曜日の午前10から午後3時まで高齢者が集まり、食事とイベントをして楽しむ。ヒアリング調査終了後、ちょうどおやつを配る時間だったようで、私たちもお菓子配りに参加した。見慣れぬ日本人がお菓子配りに参加しても、驚く様子もなく、親しげに笑いかけ、言葉をかけてくれた。

施設のボランティアの代表者たちはどのような人たちなのか。都合のついた方々が順にインタビューに応じてくださった。まず、元村長。施設の土地を獲得するために尽力したという。次に元教員のJanak Rai Tuladharさん。ここ以外にもいくつかの施設も運営している。日本でいえば、民間高齢者施設の経営者というところだろうか。主に「高齢者たちのサポートをしている」と語られた。

施設を利用している高齢者から直接にインタビューすることはできなかったが、ネパールでもこのようなデイケア施設が確実に必要となり、高齢者の日常

生活を支える必要性が高まっていることは理解できた。

⑶カトマンズ市内　ビル病院（Bir Hospital）
　【2014年9月14日調査】
　調査にあたり、同病院のサビナ・シャキャ（Sabina Shakya　女性）医学実験室上級技師（Senior Medical Laboratory Technologist）の尽力で病院内の見学調査が可能となったので、まず謝意を記しておきたい。
　ビル病院では、前述のサビナさんの案内により、病院のほぼ全体の見学とスタッフからの聞き取りを実施した。そのうちのおもに高齢者外来診療について、気づいたこと、聞き取りからわかったことを記すことにする。
　この高齢者外来診療は、元は救急外来だった場所を高齢者用に活用したものであり、救急外来のスタッフらが空き時間を利用して、高齢者の診療に当たっていた。高齢者は家族に付き添われて来院・受診し、一人当たり10〜15分の診察を受けることになる。診察後は検査部門や入院部門、リハビリテーション部門に引き継ぎ、この外来ではあくまで診療のみを行う。確かに見学時も大勢の高齢者と家族が診察を待っており、日本の病院の外来待ちの雰囲気とよく似ていた。
　診察はまず看護師が外来の入り口付近で問診や血圧測定をして、その後、順番に、診察の様子が他の患者からも見えるガラス張りの個室で診察を受けていた。診察を受けていた高齢者は地元カトマンズの人たちで、75歳以上が対象であった。75歳以上としているのは、ネパールが高齢者としている60歳からとしてしまうと、大多数の診察を行うことになってしまうからであるということであった。高齢者に多い疾患は、高血圧などの血液疾患、糖尿病、関節疾患などであり、日本と同じような傾向がみられるようであった。このような高齢者のための診療は、調査時はビル病院だけであるということだったが、政府の方針では、将来ネパール全体に広げる予定であるということであった。この高齢者外来診療の様子をからも、ネパールでも急速に高齢化が進み、高齢者数が多数を占めてきており、高齢者を対象とした医療への対応が求められていることが理解できた。
　サビナさんの紹介により、病院長および看護部長にもご挨拶ができた。特に看護部長の女性は、若く（見学当時30代）日本の東京の病院での勤務経験をもつという聡明な印象の方であった。

短時間での病院見学を終えての見解であるが、この国の医療の課題を垣間見ることができた。高齢者外来診療からは、医療の需要が高齢者医療や慢性期疾患に移行してきているという点を挙げることができる。前述（表3）のように年々増加している高齢者比率からも、高齢者医療の需要は今後ますます高まっていくことは想定できる。そして、サビナさんをはじめ、看護部長との会話や説明、留学経験などから、彼女らが豊富な知識や高度な技術を備えていることが充分に推察できた。

　その一方で、この国一番の国立病院であっても、施設・設備投資はままならないという点も見学から察せざるを得なかった。おそらく先進諸国に導入されているような最先端の機器の導入や高品質の衛生物品等の購入は、困難な現状であると考えられた。海外留学の経験をもち、最先端の医療を学び、海外の様子を熟知している優秀な医療職らにとってこの現状は、少なからず歯がゆいものだろうと思われた。そんな状況においても、大勢の患者に笑顔で接し、工夫しながら対応している病院スタッフらの姿が印象に残った訪問調査であった。

まとめにかえて

　以上のことからも、ネパールが抱える障害児者への教育・福祉、高齢者福祉、医療の問題がある程度理解できるであろう。しかし、繰り返しになるが、本調査は、2015年に起きた巨大地震以前の調査である。現在、ネパールが抱える問題は、私たちが理解し指摘した問題を含みながらも、より困難な状況の中での対応に迫られていると言わざるを得ない。ともかくも、地震以前の日常生活に戻ること、さまざまな問題や不満はあったとしても、少なくとも、住む家がなくテント暮らしが続き、学校が崩壊したために、通学することもできない、場合によっては、日々の水・食事にも事欠く「日常」から立ち直るために私たちとしても協力する必要があると考えている。そして、この地震を乗り越えて、将来国を支えていくための子どもたちの教育・福祉の重要性を強く再認識しているところである。

【注】

1）地震後のネパールの障害者の状況については、「地震後ネパールの障害者の状況」(http://www.asiadiability.com/~yuki/%831%83%81% 5 B%83% 8 B%82%CC%92n%、2016年10月14日アクセス）を参照のこと。
2）2006年までの動きについては、小倉清子『ネパール王制解体』（日本放送協会刊、NHKブックス1075、2007年）が詳しい。
3）外務省「ネパール連邦民主共和国」(http://www.mofa.go.jp/mofaj/area/nepal/deta.html、2016年10月16日アクセス）の基礎データを要約。
4）外務省「諸外国・地域の学校情報　ネパール」（http://www.mofa.go.jp/world_school/01asia/infoC10900.html、2016年10月14日アクセス）。
5）この表以外にも2011年のネパール教育省のデータとして「初等教育（Primary）における障害を持つ児童数：51,766人　中等教育（Low Secondary）における障害を持つ児童数：15,332人　ネパール基礎教育（1－8年生）上記の合計数：67,098人　ちなみに、初等教育における障害児の内訳は下記の通り

肢体不自由：18,870人　知的障害：13,780人　聴覚障害6,636人　視覚障害2,925人　他の障害9,555人　総障害児51,766人が小学校に通っています。……教育省発表では、全国に特別/特殊学校は28校で、合計1,509人の子どもたちが通っているとのこと。聾学校13校、盲学校1校、知的障害の特別学校13校、肢体障害特別校1校です」との記述もある。（ロクソンぬま「障害児教育環境」『ネパールのすったもんだ現地情報と国際協力』、2014年2月13日、http://nepaladayori.blog.fc2.com/blog-entry-97.html、2014年12月11日アセス）
6）井上恭子「ネパールの障害者政策の展開と障害当事者・障害者団体」（森壮也編『南アジアの障害当事者と障害者政策』調査報告書、アジア経済研究所、2010年）24ページ。
7）前掲注6）報告、13～21ページを項目ごとにあげ、要約する。
8）「ネパールの障害者」（認定NPO法人Laligurans Japan ラリグラス・ジャパン、http://www.laligurans.org/20nepal_shougaisha.html、2016年10月14日アクセス）2/2ページ。
9）綾部誠・カナル・キソル・チャンドラ「ネパール少数民族における高齢者福祉の現状と課題―ネパールのタマン族におけるインタビュー調査から―」（『日本福祉大学経済論集』第37号、2008年）100ページには、「65歳以上の高齢者人口（2006）は約103万人で、全人口に占める比率は3,99％である。この値は今後2016年には約135万人で4,32％に、2021年には約155万人で4,61％へと、それぞれ増加することが見込まれている。60歳以上でこれらの値を見てみると、2006年には約158万人で6,12％、2016年には約208万人で6,65％、2021年には約244万人で7,13％にそれぞれ増加することが見込まれている」と記されている。

10）中村律子「ネパールにおける『Sewaの場』と老人ホームの位置」(『現代福祉研究』第11号、法政大学、2011年) 130 〜 133ページ。
11）しかし、この高齢者手当も、60歳以上の寡婦とは別の60 〜 70歳までの一般の高齢者には支給されず、たとえ受給資格を有していても、手当をうけるための申請手続きの煩雑さなどの理由から7割の人々が受け取っていないとされている（前掲、注10）中村論文、131 〜 132ページ）。また、注9）では、「社会保障給付」があると記し、これは「1995年から開始された制度で、75歳以上の高齢者に対し月額175ルピーを支払うものである。給付対象者（2004）は217,438人となっている……寡婦手当は夫と死別した60歳以上の女性に対して支払われるもので、月額125ルピーが支払われる、受給者は239,119人である」という記述もある。こちらは、野崎泰志の「ネパール」（中村優一他編『世界の社会福祉年鑑　2005』、旬報社）からの引用・要約であるが、何故、数値が異なっているのかは不明である。なお、中村論文では、1カ月の平均的な「食費（米・豆・野菜など）は2000 〜 2500ルピーといわれているため、食費にも満たないことになる」（注10）中村論文、141ページの注9）の記述）。
12）前掲注9）論文、102ページ。
13）小原博「ネパールの医療事情」（日本ネパール協会編『ネパールを知るための60章』（明石書店、2012年）142ページ。
14）注13）に同じ、143ページ。
15）在ネパール大使館医務官合川卓郎「海外生活と救急─海外医療事情レポート20ネパール」（http://www.jomf.or.jp/report/kaigai/21/300.html、2016年10月14日アクセス）3／5ページ。
16）菊田寛子「『アジア太平洋障害者の十年』とネパールの障害者福祉サービス」（http://www.asiadisability.com/~yuki/Theses16.html、2014年1月20日アクセス）34 〜 35/45ページ。
17）注16）に同じ、34/45ページ。
18）前掲注10）中村論文、47 〜 48ページ。

本研究は、JSPS科学研究費補助金「特別なニーズをもつ子どもへの教育・社会開発に関する比較研究」（基盤研究（A）、課題番号23252010、2011年度〜 2015年度、研究代表者：黒田学）に基づいている。なお、執筆は、第1節〜第5節（2）までを向井が、第5節（3）を武分が分担し、最終節は向井が分担した。

調査報告⑥

カンボジアの障害児教育の実情と課題

間々田和彦、黒田 学

はじめに

　本調査報告は、カンボジアにおける障害児教育の実情と課題について、2016年12月、首都プノンペンおよび周辺地域における学校、施設、関係機関に対するインタビュー調査（表１）に基づいて考察するものである[1]。

　カンボジアは2012年12月に障害者権利条約を批准し、障害者施策を国際水準に引き上げることに着手している。しかしながら、カンボジアは、この半世紀、ベトナム戦争、その後のポル・ポト派の支配（1975-1979年）、つづく長い内戦（1979年から1991年パリ和平協定締結まで）によって不安定な社会を強いられた。特に、ポル・ポト派支配下の飢餓と虐殺によって、知識人層を中心に100万人から200万人とも言われる国民（人口の2割）が失われ、カンボジアの社会システムを破壊し、社会そのものの継続を危うくした。

　また、内戦や戦闘による被害ばかりでなく、敷設された地雷や不発弾による被害は多くの障害者を生み、地雷除去および被害者支援は国際協力活動の焦点となり、多くの国際NGOが支援を行ってきた。1991年の和平達成、1993年カンボジア王国の誕生、1999年ASEAN（東南アジア諸国連合）への加盟以降、経済成長は堅調であるが、1人あたりGNIは1020米ドル（2014年）の後発開発途上国に位置づいている。

　カンボジアの基本統計は、表２の通りである。後述するように障害児教育は、実質的には国際NGOの支援によって行われているが、2012年の障害者権利条

表1　カンボジア・プノンペン調査一覧（2016年12月5日～9日）

調査日	訪問先／インタビュー対象
12月5日	ラビット・スクール（The Rabbit School）〔知的障害特別学校〕
	ナショナルボレイ（National Borey）〔社会事業省の重度障害児施設〕
	KPF（Komar Pikar Foundation）の特別学級 〔プーンルセイ（Phoum Rousey）小学校内〕
12月6日	国立教育研究所〔NIF〕
12月7日	プレイベーン・リハビリテーションセンター 〔Prey Veng Physical Rehabilitation Center〕
12月8日	クルサトマイ〔Krousar Thmey〕視覚聴覚特別学校プノンペン校
	教育省学校教育局特別教育課
	CCAMH（子どもと青年のためのメンタルヘルスセンター）
12月9日	カンボジア義肢装具学校（国際NGO exceed）
	王立プノンペン大学教育学部（RUPP）

約批准に伴って、2016年9月、政府は教育省学校教育局内に特別教育課を設置し、公的責任を強めようとしており、今後の動向を注視したいところである。

なお本稿は、間々田が「1」「2（1）（3）」「おわりに」を、黒田が「はじめに」と「2（2）」「3」をそれぞれ分担執筆し、黒田が全体をとりまとめている。

表2　カンボジアの基本統計（2015年）

人口	1557.8万人
18歳未満人口	585.0万人
5歳未満人口	177.2万人
人口増加率	2.2%（1990-2015年）
合計特殊出生率	2.6
平均余命	75歳
1歳未満死亡率	11‰
5歳未満死亡率	12‰
成人識字率	74%（2009-2014年）
1人あたりGNI	5780USD
1人あたりのGDPの年間平均成長率	5.9%（1990-2014年）
GDPに占める教育支出の割合	3%（2009-2013年）

出所）ユニセフ『世界子供白書2016』から黒田作成（http://www.unicef.or.jp/sowc/data.html、2016年12月13日閲覧）。

1 カンボジアの障害児教育の政策動向

(1) カンボジア国の障害児教育の歴史

カンボジアの障害児教育は、2005年まではNGOがおこなう教育だけであった。2005年に教育省（Ministry of Education youth and Sport）の学校教育局内に非正規教育課（Non-Formal Education Department）が設置され、教育行政の中で障害児教育への取り組みが始まった。さらに、2009年には教育省から、"Policy on Education for Children with Disabilities"と"Education for Children with Disabilities（ECWD）Master Plan 2009 to 2011"が出され、これまで個々の団体の障害児教育施設等がおこなってきた教育に対し、はじめて国としての方針を示した。そこでは担当教員の養成と現職教育のカリキュラムが示されている。

(2) インクルーシブ教育への取り組み

これらの動きを元に、教育省は2011年から後述する国際NGOクルサトマイ（Krousar Thmey）との協力でカンポット州の小学校でインクルーシブ教育の試みを始めた。

インクルーシブ教育を進めるために、教育省は"Facilitator guide book"として2011年と2012年に次の3冊を刊行した。

①Inclusive Education for Children with Disabilities（2011）
②Teaching Students with Learning Problems Related to Disability（2012）
③Teaching Students with Low Vision in Inclusive Classmate（2012）

②では7科目21時間の講習、③では6科目14時間の講習が設定され、各地でインクルーシブ教育のための講習会が開催された。

こうした教育省を中心とする動きはあるものの、障害のある人たちを対象とした政府統計（2010）には、知的障害が含まれておらず、"Cambodia National Launch of EFA Global Monitoring Report 2015"にはSpecial Educationの記載はない。

(3) 学校教育局特別教育課の発足と教員養成

2016年9月、学校教育局（General Department of Education）の中に、初

等教育課（小学校課程1年から6年）から分離、新設された特別教育課（Department of Special Education）が設置され、学校教育局は10課構成となった。特別教育課は、教育行政（Administration Office）、特別教育（Special Education Office）、企画・統計・研究（Planning, Statistics and Research Office）、天才児教育（Education for

中央は初代 Department of Special Education の代表 Thong Ritthy 氏、右は黒田、左は間々田

Gifted Persons Office）の4係から構成されており、現在、総勢25名のスタッフである。職員研修のため、2016年末に10名を韓国へ派遣する予定である。

障害者教育担当教員の養成や研修は、これまでの実績のあるクルサトマイ（Krousar Thmey）等を中心におこなう予定である。現在のところ、カンボジアの高等学校教員養成をおこなう国立教育研究所（National Institute of Education、1914年設立）では、障害児教育担当教員の養成はおこなわず、また、障害のある学生の入学もこれまで認めていない。

現在、カンボジアの特別支援教育の研究は2016年より王立プノンペン大学教育学部で間々田も加わり、取り組みを始めたところである。

2　特別学校、特別学級とインクルーシブ教育

(1)クルサトマイ（Krousar Thmey）視覚聴覚特別学校

クルサトマイ（Krousar Thmey、日本語では新しい家族の意）は、カンボジアの障害者教育で最も歴史と実績のある国際NGOである。国内外からの視察で紹介される機会も多い。1991年にタイの難民キャンプで創設され、フランスに本部をもち、英国、スイスに支部がある。全国に4か所（プノンペン、コンポンチャム、バッタンボン、シェムリアップ）に視覚と聴覚併設の特別学校と1

Krouser Thmey プノンペン校　盲学校棟と管理棟

校の聾学校（プノンペンの別の場所）を有している。どの学校も地域の学校と連携し、視覚聴覚に障害のある小学生から高校生までのインテグレーション教育を保障している。小中学生は午前または午後に地域の学校へ通学し、帰校後、補習的な授業や自立活動に相当する授業を受けている。さらにプノンペン校では視覚障害大学生に対する教科書の点訳などの支援、カンポット州のインテグレーション実験校への教材提供や指導、他の学校への教材の供給、および定期的な教員研修をおこなっている。

　クルサトマイは障害児教育ばかりでなく、伝統的な織物や工芸品の制作、音楽家養成を行う職業教育の学校を運営するほか、何らかの理由で家庭がなく就学できない児童生徒へのサポートとして児童福祉施設も運営している。

　なお、クルサトマイのホームページによれば、2020年を目標に国営化をめざしている、とある。

(2) The Rabbit School（知的障害特別学校）

　本校は、1997年に設立されたNGOがもとになっており、当初はプノンペンの政府系孤児施設（1982年設立）で特別なニーズのある子どもたちへ教育を提供するパイロット事業として行っていた。なお、プノンペンのこの政府系孤児施設は、ポル・ポト派の支配下（1975〜1979年）で両親を虐殺された子どもたちや遺棄された子どもたちのための施設として出発しており、その後、ナショナルボレイ（National Borey、後述）と呼ばれている。

　現在、本校は主に、知的障害児と自閉症児に対する教育活動を行っており、ナショナルボレイの建物内に、管理部と特別学級、準備学級（通常教育への就学移行）を設置し、職業訓練事業とセルフヘルプ事業、教員研修とカリキュラム開発、権利擁護と政策提言活動なども行っている。また、プノンペンの他、シェ

ムリアップなど3つの地域においても活動している。

特別学級と準備学級は4歳児から対応し、6歳児からは地域の通常学校への就学支援を行い、2016年はインクルーシブ教育支援を5つの学校で展開している。何れもIEP（個別教育計画）を作成し、一人ひとりの特別な教育的ニーズにしたがった教育計画と具体的な支援を行っている。職業訓練事業とセルフヘルプ事業については、16歳から対応し、清掃、料理、家事支援などのプログラムがある。教員研修とカリキュラム開発は、通常学校の教師を対象とした研修会（3日間と5日間の研修）を実施し、2012年からは知的障害児向けの教科書作成にも取り組んでいる。これらすべての事業における受益者は、303人の子ども、52人の教師であり、2015年から2017年には、535人の子ども、75人の教師を目標に取り組んでいるという。

(3) KPFの特別学級 ［プーンルセイ（Phoum Rousey）小学校内］

KPF（Komar Pikar Foundation）は2001年に創設された。オーストラリア等の海外の支援団体の他、カンボジアで初めて、カンボジア諸企業の支援により運営されている。当初、プノンペンではナショナルボレイ内の3教室で運営していたが、2014年にプノンペン市内へオフィスが移転し、指導する教室（1教室）をプーンルセイ（Phoum Rousey）小学校内へ特別学級として移転した。

現在、この教室には6歳から14歳までの19名が在籍している。KPFはこの特別教室の他、プノンペン市内に2教室、カンポット州、クラチェ州には施設と教室とを有している。この小学校へ移転する際には教育省からの強い働きかけがあった。特別学級開設後にKPFから小学校教員へ障害理解の授業をおこなった。

特別学級は3名の教員で運営されていて、2名が授業を担当し、1名がインクルージョン教育担当である。

特別学級の様子

見学終了時に、特別学級へ帰る児童をごく普通に、通常学級の児童が手をつないで送っていくのを見ることができた。プーンルセイ小学校長からは休み時間など以外には特別の交流をしていないとのことであったが、本校の小学校の児童とは良好な交流があるように思われた。

3　障害者施設と地域支援

⑴ナショナルボレイ（National Borey）：社会事業省の重度障害児施設

　ナショナルボレイ（National Borey for Infants and Children）は、1980年に社会事業省（Ministry of social affairs Veterans and Youth Rehabilitation）によって設立された重度障害児等のための入所施設である。入所者は、生後9か月から36歳まで、視覚障害、下肢障害、知的障害など93人の障害児、19人のHIV患者、3人の健常児の計115人である。職員数は53人である。全国に孤児のための施設が約200か所あり、この施設は全国から障害のある子どもを集めている。また、プノンペンにある小児病院に重度障害児の外来があり、この施設が紹介されている。入所が原則として18歳までを対象としているが、退所後、行き場のない障害者はここで生活しており、成人施設の開設を要求している。

　なお、施設内を観察したが、各室の居住スペースは狭く、機器はいずれも古い物が使用されており、基本的な資金が得られていない様相であった。

⑵プレイベーン・リハビリテーションセンター
　（Prey Veng Physical Rehabilitation Center）

　本センターは、1995年、Veterans International in Cambodia（VIC）によって、戦争被害と貧困な状態にある障害者のリハビリテーションを目的に設立された。センターは、肢体障害者への補装具の提供、自立生活支援とエンパワーメント、CBR（地域に根ざしたリハビリテーション）などにも取り組んでいる。設立以来21年間で、受益者は7103人の障害者(うち子どもは2513人)にのぼっている。

　障害児の教育支援については、プレイベーン州およびスヴァイリエン州教育局との共同で、2012人の子どもたちが、地域の小学校への就学を果たしている。

地域の小学校の教師は、本センターに来所して、障害のある子どもについての研修を受け、理解を深めている。また、センターは、各小学校にスロープを設け、バリアフリー化を支援している。さらに、高等教育への就学支援を行っており、これまでに152人（男性85人、女性67人）の障害者が大学レベルの進学を果たし、35人（男性17人、女性18人）が修士学位を取得している。その内、53人がカンボジア政府奨学金を得ており、高等教育修了後の93人が職を得ている。

なお、現在の小学校への就学状況は100％を果たしているが、設立当初の1995年、就学率は20％程度で、この21年間にセンターが地域の学校との交渉と就学要求運動を粘り強く行ってきた。インタビュー調査のなかで、センター長は、就学拒否や中途退学の背景を徹底的に調べ、事実を学校に突きつけ、プレイベーン教育局に改善を求め就学を果たしてきたと語った。

CBRについては、これまでに各地域とセンターで職業スキルの訓練事業を含め、フォローアップ事業（地域で32,234回、センターで37,637回）を精力的に行っている。また、あわせて36か所でセルフヘルプ事業（1グループ7〜12人）に取り組んでいる。これらの活動は、センタースタッフだけでなく、センターで支援を受けた青年たちがボランティアとして活躍しており、2015年からユニセフの資金援助も受けている。

(3) CCAMH（子どもと青年のためのメンタルヘルスセンター）

CCAMH（Centre for Child and Adolescent Mental Health）は、1995年、カリタス・カンボジア（カトリック教会による国際カリタス加盟の救援支援組織）が設立し、0〜18歳の知的障害や自閉症、さまざまな精神疾患のある子どもたちを支援している。センターは3つの部署からなり、20人の職員が働いており、支援内容は10のプログラムからなり、主に、子どもと家族の評価（子どもたちが直面している問題の発見）、治療と介入、個人および家族カウンセリング、プレイセラピー、行動療法、研究、人材育成などである。

教育支援については、障害や困難の早期判別、学校でのカウンセリング、学習困難児への支援、いじめの防止、生活スキル教育の支援、学校に遊び場建設などの設備支援（他のNGOとの連携）、「子どもに優しい学校」（図書館の建設、植物の栽培などの学習環境改善）の推進を行っている。

CBR、地域支援については、地域、家庭でのカウンセリング、包括的な幼児プログラム、セルフヘルプグループ（障害のある子どもの両親の経験交流と情報、知識の共有）の組織化、インクルーシブ教育の促進などを行っている。その他、地域へのアウトリーチ活動として、バッタンバンとカンポントムで毎月１回、地域のカトリック教会と連携して、医療支援や食糧提供、カウンセリングなどを行っている。

　インタビューの中でセンター長は、これまでの活動実績に自信をもちつつ、さらに障害のある子どもと家族を支えていくことに強い意欲を示した。

⑷ カンボジア義肢装具学校（国際NGO exceed）

　カンボジア義肢装具学校（The Cambodia School of Prosthetics and Orthotics）は、国際NGOであるexceed（1989年英国オックスフォードで設立された旧称The Cambodia Trust、2014年に名称変更）によって、1994年に設立された。なお、exceedは、カンボジアだけでなく、スリランカ、インドネシア、フィリピン、ミャンマーでも活動を展開している。本校設置の目的は、カンボジアでの義肢装具やリハビリテーションに関する職業訓練、専門家養成を行い、国のリハビリテーションサービスを21世紀には各地方に移行させることである。教育課程は３年間で、１学年16人の定員である。1994年以来、約290人の卒業生を輩出しているが、カンボジア国内だけでなく、日本を含めて海外からの留学生もいる。その他に、国立社会事業研究所（National Institute of Social Affairs）と共同し、学士レベルの義肢装具教育コースを開講している。

　本校は、専門家養成だけでなく、３つの地域に診療所をもち、障害児の教育支援、職業訓練と雇用へのアクセスを促進しており、CBRについても20年以上の実績をもっている。両親や家族への訪問やカウンセリング、貧困家庭への支援、義肢装具のメンテナンスなどを行っている。社会事業省や赤十字社、その他NGOとの連携を図り、国内11か所のリハビリテーションセンターとのネットワークを築いている。

　施設内を観察したが、国際NGOの支援によって、施設および機器、備品は専門教育を行う上で十分に整備されており、カンボジアにおける義肢装具、リハビリテーションに関する専門家養成の拠点であることが伺えた。

おわりに

　今回、調査を行った障害児の施設や学校の多くは、4〜6年前に間々田が訪れている。しかしながら、どの施設や学校も以前とは大きくその様相が異なり、障害児への取り組みが進んでいた。その背景には、特別教育課（Department of Special Education）の発足、クルサトマイをはじめとする28施設・学校の国営への移管構想の立案、そして、2012年にカンボジアが国連の障害者権利条約に批准したことが大きな影響を与えていると考えられる。

　実態が法制度、教育制度を越えて進行しつつある今こそ、より広範かつ詳細な調査に基づいた具体的で継続的な支援の元で、カンボジアは障害児教育・インクルーシブ教育の展開が求められている。このような状況に立ち会え、関われる可能性があることは、これまで長く障害児教育の実践や研究をおこなってきた者には、この上ない幸せであると実感している。

【注】
1）本調査研究は、間々田和彦と黒田学の共同によるインタビュー調査に基づくものであり、インタビューでは、基本的に英語を使用したが、日本語・カンボジア語の通訳を依頼した。調査対象の選定およびコーディネイトは、間々田が行った。なお、黒田は、立命館大学学外研究制度により、2016年9月11日より6か月間、ベトナム、ハノイに滞在し、ハノイ師範大学特別教育学部の客員研究員として東南アジア地域の調査研究を進め、本調査報告はその研究期間における研究成果の一部である。

【参考資料】
「カンボジア王国概況」在カンボジア日本国大使館（http://www.kh.emb-japan.go.jp/political/gaikyo.htm）
間々田和彦「カンボジア国の特別支援教育報告①——視覚障害を中心に」『筑波大学特別支援教育研究』No.6、2012年。
間々田和彦「カンボジア国の特別支援教育報告②——統合教育パイロット校、地方の盲唖学校、知的障害施設肢体不自由施設等」『筑波大学特別支援教育研究』No.7、2013年。
間々田和彦、VAN Vy「カンボジア国のインテグレーションの現状と課題——カンボジア国の特別支援教育支援に関する研究②」『日本特殊教育学会第51回大会論文集』2013年。

篠原克文「カンボジアにおける障害者福祉の新たな展開について」『海外社会保障研究』2009年春号、166号。

四本健二「カンボジアにおける障害と開発」小林昌之編『開発途上国の障害者と法』調査研究報告書、アジア経済研究所、2009年。

THE COMPARATIVE STUDIES SERIES IN SPECIAL NEEDS EDUCATION AND SOCIAL DEVELOPMENT

日本

原著①

インクルーシブ教育・特別支援教育の動向と課題

清水貞夫

はじめに──インクルーシブ教育は通常教育の改革

　インクルーシブ教育は日本政府が2014年に批准した国連・障害者権利条約第24条に規定されている。日本政府は、同条約を批准したことで、インクルーシブ教育システムの構築をめざす義務を国際的に負ったといえる。今日、特別支援教育が日本における教育システムの重要な環を構成しているところから、それをインクルーシブ教育に転換する義務を日本政府は負ったといえる。

　国連・障害者権利条約を批准して二年が経過した今日、旧来の特殊教育の延長である特別支援教育が、インクルーシブ教育に転換しはじめたようには思えない。もちろん、教育システムをインクルーシブなシステムに変革させるというとき、その変革は一朝一夕に可能なことでなく、長い年月をかけて完成されるものと考える。しかし、文科省が国連・障害者権利条約批准後に立ちあげた「インクルーシブ教育システム構築事業」（平成26年）には"インクルーシブ"の語が冠せられてはいても、その内容は旧事業名を変えただけのものである（児島芳郎、2015）。つまり、インクルーシブ教育を推進するとは、旧来通り特別支援教育を推進することと文科省は考えているのである。筆者の見解では、特別支援教育は、原則、分離的教育体制であり、インクルーシブ教育ではない。だが、文科省は、国連・障害者権利条約を批准し、教育システムをインクルーシブにする変革が求められているにもかかわらずに、分離的教育体制を強めているのである。

特別支援教育は、原則、その対象を障害児に限定して分離された特別な場所を指定して、そこで教育するシステムである。それに対して、インクルーシブ教育は、多様な子どもが対等平等に共生する教育システムである。学校で学習や生活で「困り」に直面することの多い"障害児を含む特別なニーズ児"が、通常の子どもたちと対等平等に学校生活を享受できるシステムを創ることが、インクルーシブ教育への道である。すなわち、インクルーシブ教育は、"障害児を含む特別なニーズ児"などの多様な子どもたちが共に生活・学ぶ学校づくりである。これは通常教育のシステムをインクルーシブな方向に変革することにほかならない。

　つまり、インクルーシブ教育は通常教育の変革である。ただし、ここで注意すべきことは、それは統合教育（インテグレーション／メインストリーミング）とは異なるということである。統合教育は、通常教育の改革を主張しないまま通常教育へ障害児を就（修）学させることを主張する思想である。

　文科省統計によれば、特別支援学校在籍者は平成17年度比で1.3倍、特別支援学級在籍者は平成17年度比で2.1倍に増加している。文科省は、この事実を如何に理解しているのであろうか（落合俊郎、2016）。特別支援学校や特別支援学級在籍者の増加は、通常学級に在籍する"障害児を含む特別なニーズ児"が学習・生活のしづらさを拡大させている状況があり、通常教育の改革の必要性を示唆していると考えるのではなく、分離的な特別支援教育のさらなる振興の必要性として文科省は理解しているのかもしれない。

　特別支援学校や特別支援学級在籍者の増加をいかに解釈するかは、事例に即して吟味されるべきであるものの、インクルーシブ教育への漸進的な歩みをめざすなら、通常教育で困難を抱えた子どもが安易に、特別支援学級や特別支援学校へ「脱出」しないですむ通常教育の改革を文科省は思考をめぐらすべきであろう。インクルーシブ教育の実現は半世紀くらいの年月がかかる課題であり、特別支援学校や特別支援学級、特に特別支援学級や通級による指導は障害児にとり大切な砦ではあるものの、インクルーシブ教育の漸進的進行のための基盤づくりは怠ってはいけない。

　ところで、インクルーシブ教育の「インクルーシブ」は「包摂」を意味する形容詞であり、その「包摂」の主体は通常教育であり、客体は"障害児を含む特

別なニーズ児"である。その際、「ニーズ」は、障害のために生起するだけでなく、生活資源や生活環境からも生起することを忘れてはいけない。生活資源や生活環境は家庭やコミュニティの社会生活や経済生活であり、例えば、子どもの貧困などがもとで学校生活上の「困り」を子どもがもつことがあるということである[1]。貧困問題の解消は社会・経済学上の政策課題でありインクルーシブな社会の構築にかかわる課題であるものの、インクルーシブ教育はインクルーシブな社会の中に「包摂」されてこそ実現されることから、インクルーシブな社会の形成とインクルーシブ教育の構築は車の両輪である。それこそ、国連・障害者権利条約のめざす方向である。

1　インクルーシブ教育と「連続性のある"多様な学びの場"」

中教審・初等中等教育分科会特別支援教育の在り方に関する特別委員会「共生社会の形成に向けたインクルーシブ教育構築のための特別支援教育の推進（報告）」（特・特委員会「報告」と略記）は、インクルーシブ教育について次のように記している。

> インクルーシブ教育システムにおいては、同じ場で共に学ぶことを追求するとともに、個別の教育的ニーズのある幼児児童生徒（＝障害児←筆者注）に対して、自立と社会参加を見据えて、その時点で教育的ニーズに最も的確に応える指導を提供できる、多様で柔軟な仕組みを整備することが必要である。小中学校における通常の学級、通級による指導、特別支援学級、特別支援学校といった、連続性のある「多様な学びの場」を用意しておくことが必要である。

この記述では、通常の学級および通級による指導が「連続性のある"多様な学びの場"」の構成要素として位置づけられているが[2]、通級の学級および通級による指導と特別支援学級および特別支援学校の間には差異が存在する。通級の学級や通級による指導は、教授されるカリキュラムは通常のカリキュラムであ

るが、特別支援学校および特別支援学級のカリキュラムは通常のカリキュラムではなく特別なカリキュラムである。つまり、通常の学級および通級による指導と特別支援学校及び特別支援学級の間には「連続性」は存在しないのである。

「連続性のある"多様な学びの場"」を構築しようとするなら、通常の学級および通級による指導と特別支援学校および特別支援学級の間にカリキュラム上の関連性と連続性を構築しなければならないのである。それにもかかわらず、「連続性」の用語が挿入されているのは、特別支援学校や特別支援学級の分離的性格を弱めようとする意向が無意識に働いているのであろう。しかし、筆者は、特別支援学校や特別支援学級の存在を否定するつもりはない。

このことを考慮しつつ引用文を読み直すと、「同じ場で共に学ぶことを追求する」ことと、障害児のニーズに「最も的確に応える指導」の「場」とされる特別支援学校および特別支援学級という分離的な「学びの場」が、対立的関係にあるような把握がなされている。すなわち、「同じ場で共に学ぶことを追求する」インクルーシブ教育が、「教育的ニーズに最も的確に応える指導」ができないことを暗に示唆し、それに対比するかたちで、特別支援学校や特別支援学校等の「多様な学びの場」を提起しているのである。確かに、現状の通常教育では、「教育的ニーズに最も的確に応える指導」ができないのかもしれない。だが、それを変革させることこそインクルーシブ教育の最たる課題である。

インクルーシブ教育は、「同じ場で共に学ぶことを追求する」方策を探求し、そのために通常の学校・学級を改革して「教育的ニーズに最も的確に応える指導」の場に変えることを究極の目標としている。文科省は、それを避けてしまっているのである。この究極の目標に向うプロセスとして、特別支援学校および特別支援学級が位置づけられるべきなのであろう。

それだけではない。旧特殊教育と特別支援教育は、「人」にではなく「場所」に「サポート」を付けるかたちで進展してきた。その方式は、歴史的には肯定的側面をもつものの、今日の重点は通常教育を「教育的ニーズに最も的確に応える指導」の場に変革することにおかれるべきであろう。特に通常学校内システムとしての通級による指導および特別支援学級は充実されるべきである。

以上を概括すると、特・特委員会「報告」による「多様な学びの場」を構築するという主張は、インクルーシブ教育システムではなく分離主義的システムとし

ての特別支援教育を強める方向を向いていると危惧せざるを得ないのである[3]。

2 「合理的配慮」と特別支援教育の可能性

　「連続性のある"多様な学びの場"」概念は、現実には分離的な「サポート」の場を分立させる方策ではあるが、国連・障害者権利条約の規定する「合理的配慮」が遵守されるなら、特別支援教育はインクルーシブ教育へ変質する可能性を潜在的にもつことになろう。すなわち、国連・障害者権利条約にもられた「合理的配慮」により、分離的な特別支援教育は改革の突破口をもつにいたっているのである。「合理的配慮」は特別支援教育の分離的性格と「多様な学びの場」概念の弱点を薄めることであろう。
　国連・障害者権利条約第２条は、「合理的配慮とは、他者との平等を基礎にして、障害者がすべての人権及び基本的自由を享有・行使するために、必要かつ適切な変更及び調節であり、特定の場合において必要されるものであって、均衡を失した又は過度の負担を課さないものをいう」と定義している。加えて、国連・障害者権利条約は「合理的配慮」の不提供を「差別」であると規定している。すなわち、"障害児を含む特別なニーズ児"は、どこで学んでいても、「合理的配慮」の提供を受けることができるのである。「学び場」に関係なく、「人」につくのが「合理的配慮」である。
　「合理的配慮」は、教育現場でいささか混乱した議論が展開している[4]。だが、国連・障害者権利条約の規定に沿いつつ、かつ教育現場に引き寄せて考えるなら、それは、第一に"障害児を含む特別なニーズ児"が同一の学校内で同輩たちと対等平等に教育活動に参加するようにするための「特別な措置（配慮）」である。第二に、それは、物的環境（空調、トイレ改修、PC貸与など）、人的環境（補助教員等の加配置や外部専門家の導入など）、学校・学級ルール（テスト及び休憩時間延長など）の「変更及び調節」を伴う「特別な措置（配慮）」である。第三には、同一学校に在学する同輩の受ける「配慮」や「サポート」ではなく「特別な措置（配慮）」であり、当該個人の個別ニーズのために提供されるものである。そして、最後に、それは、過度な負担を要するときには、提供されないと

いう性質をもっている。

　「合理的配慮」は、広義には、「サポート」の概念に包摂されながらも、障害種や障害程度とは関係なしに、"障害児を含む特別なニーズ児"の一人ひとりの必要に応じて請求（「意思の表明」という請求権行使）により提供されるものである。具体的には、特別支援学校や特別支援学級は障害種と程度に応じて「サポート」が提供される「学びの場」であるが、そこに在学する"障害児を含む特別なニーズ児"は、学校・学級の提供する「サポート」とともに、障害児同輩たちと対等平等に教育活動に参加するために個人のニーズ（医療的ケアや慢性疾患や障害種を異にするインペアメント）に応じた「特別な措置（配慮）」が提供されるということである。

　また通常学級においては、"障害児を含む特別なニーズ児"の多くが、マジョリティを構成する子どもたちに提供される「配慮」とは異なる「特別な措置（配慮）」を提供されることになる。特別支援学校や特別支援学級の在籍児であれば、同輩と同じように、障害種や程度に対応した「サポート」が用意されているが、通常学級では、それがないので、"障害児を含む特別なニーズ児"は、個別のニーズに応じて個別的に「サポート」を「特別な措置（配慮）」として提供されることになる。そして、「特別な措置（配慮）」は、教師や学校側が個別子どもの状況をもとに保護者や当人と建設的対話を行い、自主的努力と工夫の上で提供することもあるものの、さまざま理由で提供されないことも少なくない。そこで、「意思の表明」により「特別な措置（配慮）」を「合理的配慮」の名前で請求し得るのである。これが法的用語である「合理的配慮」といわれるものである。「特別な措置（配慮）」は請求されることで「合理的配慮」という法律用語に転換するのである。そして、「合理的配慮」は特別支援学校や特別支援学級ではなく主に通常学校が直面する課題である。

　「合理的配慮」は、「場所に付くサポート」ではなく、「人に付くサポート」であるから、「サポート」が場所に付く特別支援教育と併置されることで、新しい特別支援教育を創りだす可能性をもっている。換言するなら、通常教育の中で「特別な措置（配慮）」としての「合理的配慮」を受けつつ学ぶ"障害児を含む特別なニーズ児"が増加するであろう。この可能性を活かすことで、特別支援教育はインクルーシブ教育への長い旅路につくことになろう（清水貞夫・西村修一、2016）。

3　通常教育の改革とは何か

　インクルーシブ教育は通常教育の改革であると前述した。だが、その内容は多岐にわたるばかりか、その改革・改善には時間もかかる。だが、それをやらずして、インクルーシブ教育の進展はない。そのときの通常教育改革のモットーは「柔軟化」である。「柔軟化」は「画一化」の反対語である（清水貞夫、2012）。

　まずもって、学級定員を最高40名ときめてかかるのでなく、柔軟化させなければならない。そうすることで、"障害児を含む特別なニーズ児"が学級に在籍するときは、学級定員を減じたり、複数教員が必要に応じて当該学級に入り込み指導できるようにすべきである。通常学級には40名のクラスもあれば20名のクラスがあってもよい。

　また、カリキュラムの柔軟化を推進することである。特別支援学級や特別支援学校で教育指導を受ける子どもたちは、通常学級の同輩と同一歩調で学習することが困難な子どもたちである。カリキュラムの柔軟化により"障害児を含む特別なニーズ児"と通常のカリキュラムの間のずれが一部解消されるであろう。カリキュラムの柔軟化のためには、学習指導要領の学年による縛りの柔軟化、教育内容を複数学年でまとめる柔軟化も必要であろう。

　さらに、「同一年齢同一学級」の学級編制を柔軟化して、一定の範囲で複数年齢の子どもが同一学級で共に学び得るようにすべきであろう。そのためには、「権利としての就学猶予」と「権利としての留年」を常態化することも必要であろう。特・特委員会「報告」では、「就学猶予・免除」の用語で「猶予」と「免除」を区別していないが、「就学猶予」と「就学免除」は質的差異をもち、「就学免除」は削除されるべきであるが「就学猶予」は活用されるべきものである。「権利としての就学猶予」と「権利としての留年」は、通常教育のみならず特別支援学校にも有効に機能することになる。例えば、不安定な病歴の中で発達を遂げる就学予定障害児が就学前保育を1年間余分に経験することで通常の学校生活を送れるようになるケースが存在する。また学校長の権限とされる高等部卒業認定時における「権利としての留年」は、高等部専攻科設置に向けた足がかりとなるであろう。

加えて、インクルーシブ教育は学力の競争主義に反対する。競争主義は、学校間に序列化を、また子ども間に序列化をもたらす。そして、本来なら共同・協働が支配すべき学校の中に非包摂的な学校文化を育むことになる。そのため全国学力・学習状況調査は3年に1回くらいの抽出調査にすべきである。
　こうしてあげてくるとキリがないが、身近には、学校が横並び規格化の過程で積み上げてきた学校ルールの柔軟化も必要である。完食主義は偏食児や摂食障害児の困りを、またトイレの男女共用（一部）は性同一性障害児の困りを解消するであろう。融通性のない学校ルールの下では、通常学校・学級における「特別な措置（配慮）」ないし「合理的配慮」は、"障害児を含む特別なニーズ児"に対する「ひいき」と見られて他児たちから排斥されてしまう。インクルーシブ教育は、通常学校が多様な子どもたちを包摂することであるから、その推進には、多様性を認め合う柔軟性を容認する学級づくりと学校文化が必要である。

4　特別支援教育と「交流及び共同学習」

　ところで、特・特委員会「答申」は、「交流及び共同学習」の推進がインクルーシブ教育の推進、つまり共生社会の形成にとって重要であると認識しているようである。「交流・共同学習」は「やってわるくない教育活動」ではある。だが、それがインクルーシブ教育の進展や共生社会の形成につながるなどと考えたら間違いである。特・特委員会は、「交流・共同学習」の教育上の価値について次のように述べている。

　　交流及び共同学習は、特別支援学校や特別支援学級に在籍する障害のある児童生徒等にとっても、障害のない児童生徒にとっても、共生社会の形成に向けて、経験を広め、社会性を養い、豊かな人間性を育てる上で、大きな意義を有するとともに、多様性を育むことができる

　この記述は美辞麗句で彩られているが、まず「交流及び共同学習」は、「交流教育」と「共同学習／教育」（共同学習は共同教育の学習上の形態名）という二

つの質的に異なる用語を一語に括った用語であることを確認する必要がある。「交流教育」は、旧文部省時代から使用されていた用語であり、特定の活動を媒介として障害児と非障害児が交流しあう経験主義的教育活動である。他方、「共同学習／教育」は、非障害児と障害児が共に学ぶ共通部分をもちつつ対等平等に学習することで、非障害児と障害児の双方が共に発達と学習でプラスを得る教育を意味し、民間教育の分野で使用されてきた用語である。具体的には、「共同教育」は、日教組・教育制度改革検討委員会で打ち出されたものであり（梅根悟、1974）、実践的には、東京・和光学園が非障害児と学びを共同できる部分をもつ障害児を学級当たり1〜2名で受け入れる「共同教育」を1974年以降実施している（和光小学校、1991）[5]。

こうした二語が、自民党政権下で改訂された障害者基本法（2004年改訂）に「交流及び共同学習」として条文化されて、以後、同語が使用されてきているのである。そして、今日の「交流及び共同学習」の実践は、内容的には、特別活動的なイベントであり、旧来の「交流教育」と同じである。そして、多くの場合、障害児に対する「思いやり」や「関心」を育てることに効果をもつとされる。

他方、「共同学習」の実践はあまり広まっているとはいえない。それは、特別支援学級や特別支援学校と通常学校・学級では、両者間にカリキュラム上の共通性が存在しないからである。そもそも、両者が共同で学習できるのなら、それを別に分離して就（修）学システムをつくる必要などないであろう。実際、「交流及び共同学習」は、小学校段階で取り組まれる活動であり、カリキュラムの差異が大きくなる中・高校では取り組まれない。つまり、「交流及び共同学習」の実践は、内実は「交流教育」に過ぎないものである。

加えて「交流及び共同学習」が行なわれても、それは年度に1〜2回であり、その成果は限定的である。近年、「交流及び共同学習」の一形態として特に唱導されている「居住地校交流」があるが、それについては、特別支援学校が居住地校の了解を得るのに苦労している現実があり、居住地校の了解が得られても打ち合わせに時間がかかるばかりか、一人ひとり異なる居住地校での学習参加に保護者の付添いを求めざるを得ない事情などがある。

ところで、筆者は「交流及び共同学習」は、「やってわるくない教育活動」だと前述したが、付言するなら、一週間くらい共同生活する合宿による「交流及

び共同学習」を推奨したい。特に、社会的認識力の飛躍的な高まりを示す中・高校年齢の生徒と特別支援学校との「交流及び共同学習」を合宿方式で行なうことを提案したい。それは、1～2回の「交流及び共同学習」では、そこでの経験は表面的なものに留まり、人間として相互認識にはならないと危惧するからである。簡単にいえば、態度には、「建前」としての態度と「本音」としての態度があり、1～2回の「交流及び共同学習」で福祉的「建前」は形成されても、それが「本音」で「永続」する態度形成につながることはまれである。すなわち、1～2回の「交流及び共同学習」の経験では、「共生社会の形成に向けて、経験を広め、社会性を養い、豊かな人間性を育てる上で、大きな意義を有する」経験を得ることにならないと考えるのである。

　加えて、特・特委員会「報告」は、特別支援学校における居住地小・中学校との「交流及び共同学習」の推進にかかわって、東京都や埼玉県などで取り組まれている「副次的な籍」をおくことを推奨している。確かに、保護者の付添い問題等が解決されるなら、思い切って「副次的な籍」を居住地校におくのもよい。だが、それをさらに一歩進めて、居住地校に「籍」をおき特別支援学校に「副次的な籍」をおくことの方がインクルーシブ教育の観点からは妥当であろう。そもそも、今日の教育法制には第二次世界大戦前のように戸籍的概念としての「学籍」概念が存在しないのであるから、そうしたやり方は採用可能であり、インクルーシブ教育への接近になるであろう。

おわりに——新しい教育財政論の確立を求めて

　特・特委員会「報告」には次のような記述がある。
・必要な財源を確保し、国、都道府県、市町村は「基礎的環境整備」の充実を図っていくことが必要である
・財源負担を含めた国民的合意を図りながら、大きな枠組みを改善するなかで、「共にそだち、共に学ぶ」体制を求めていくべきである

　教育には金銭がかかる。それは当然なことである。教育は未来への投資である。未来への投資なくして、未来への展望を持ち得ない。それにしても、特・

特委員会「報告」の記述は、人任せの印象を受けざるを得ない。確かに、国、都道府県、市町村がそれぞれ財政努力をすべきではある。だが、国が財源を握っているのであるから、教育への財政出動を強く求めてしかるべきであろう。経済協力開発機構（OECD）は、2013年度の国民総生産（GDP）に占める学校など教育機関への公的支出の割合を公表したが（日経新聞、2016）、それによれば日本は3.2％であり、比較可能な33か国中で最下位のハンガリーに次ぐ32位である。それだけでなく、公教育にかける私費負担の割合が高いのも日本的特徴となっている。こうした状況を知っているはずの特・特委員会はもっと強くインクルーシブ教育の推進のために政府に財源措置を求めるべきであり、「国民的合意」はすでにあると考えるべきである。

　文科省予算の最大枠は教職員人件費である。教職員の定数はいわゆる「義務標準法」で規定され、同規定により国が三分の一、都道府県が三分の二負担して教職員を確保することになっている。また加配教員の配置が「通級による指導」などで行われるが、それは予算の範囲内で行なわれることになっている。さらに、特別支援教育支援員は、使途を特定しない地方交付金で雇用され、小・中学校が特別支援教育支援員を要求しても配置されないこともあり得るのである。こうした教育財政のシステムは、有効な側面をもちながらも、特別支援教育をインクルーシブ教育へ転換するという意味では弱点を抱えているシステムである。そこで、こうした制度を維持しつつも新たなシステムを付加する必要があるように思われる。

　新しいシステムとは、"障害児を含む特別なニーズ児"の在籍人数に応じて、一定の財源を通常学校に付与する方式である。欧米では、こうした方式を採用して特別学校の量的拡大を図ってきたが、日本においては、"障害児を含む特別なニーズ児"の在籍人数に応じて通常学校に対して財政支援を行う方式を特別支援教育が採用して、インクルーシブ教育への転換に向けて舵を大胆に切るべきであろう。

【注】
1）子どもの相対的貧困率は1990年代半ば頃からおおむね上昇傾向にあり，平成24年には16.3％となっている。子どもがいる現役世帯の相対的貧困率は15.1％であり，子どもの貧困の解消には再分配を重視する経済政策が求められる（朝日新聞、2015）。家庭の貧困により，子どもが十分な配慮を家庭で受けられなくストレスを蓄積すると，学校での生活や学習にも影響がでてくることが知られている。
2）「連続性のある"多様な学びの場"」は、最底辺に通常学級を位置づけ、最上辺に在宅訪問教育を位置づけ、その間に特別支援学校、特別支援学級、通級指導教室を通常学級との距離（差異）をもとに就（修）学の場を連続させてピラミッド型で図示される。これは、欧米ではカスケード論といわれるものの、障害児へのサポートを「場」に限定して付ける方式であって、多様な障害児の障害種類と程度で割り振る方式として批判されるものである。そして、今日では、障害児個人にサポートを付ける方式が推奨されている。筆者の見解は、暫定的には「場所に付けるサポート」と「人に付けるサポート」の併行が望ましいと考えている。（清水貞夫・西村修一、2016）
3）今日、文科省は高校に通級による指導を導入することをかためたようである。これは、後期中等教育レベルでのインクルーシブ教育への漸進的一歩であり、準義務教育である高校を変革する突破口に位置づくのかもしれない。つまり、高校の通常学級に在籍する"障害児を含む特別なニーズ児"への支援の充実に文科省が取り組みはじめたと受け止めることもできる。しかしながら、高校教育システムの全面的改革なしのままの「通級による指導」の導入は、果たして、高校におけるインクルーシブ教育システムの漸進的進行の要になり得るのかという懸念を筆者は抱いている。
4）「障害者差別解消法」（2016年4月施行）を受けて、各地で「合理的配慮」をめぐって研修会等が開催されているが、そこでの議論は「サポート」と「合理的配慮」が混同されているとの印象を筆者はもつ。国連・障害者権利条約は、第24条で、初等中等教育レベルで「サポート」と「合理的配慮」の双方が提供される旨を明記して、「サポート」と「合理的配慮」を区別していることを想起すべきであろう。
5）和光小学校の「共同教育」の実践のほかに、「障害者の教育権を実現する会」（事務局＝津田道夫氏ら）が、1974年頃から、「統合教育」の名前で、障害児と非障害児の共同学習の実践を積み上げている。そこでは、「統合教育の不可避的矛盾」として「共通の教育の場の保障」と「障害児ここの実情に合わせた配慮」が意識されているものの、通常教育の改革提案は特にない。なお、初代文部省特殊教育室長・辻村泰男氏は、早くから「統合教育運動は通常教育の改革運動である」と述べている（辻村泰男他著『統合教育―障害児教育の動向―』（1978）。

参考・引用文献

朝日新聞（2015）　子どもの貧困、2015.11.2日付

梅根　悟編（1974）『日本の教育改革を求めて』（教育制度検討委員会）勁草書房

落合俊郎（2016）　共生社会形成のための戦略としてのインクルージョンについて、季刊・福祉労働、59〜71頁

児島芳郎（2015）　インクルーシブ教育システム構築事業（玉村公二彦他編『キーワードブック　特別支援教育―インクルーシブ教育時代の障害児教育』（クリエイツかもがわ）44〜45頁

清水貞夫（2012）『インクルーシブ教育への提言―特別支援教育の革新』クリエイツかもがわ

清水貞夫・西村修一（2016）『"合理的配慮"とは何か』クリエイツかもがわ

辻村泰男ら（1978）『統合教育　――障害児教育の動向』福村出版

津田道夫編（1084）『統合教育――盲・難聴・遅滞・自閉のばあい』三一書房

日本経済新聞社（2016）　教育への公支出、日本なお低水準、2016.9.16日付朝刊

文部科学省（2014）「共生社会の形成に向けたインクルーシブ教育システム構築のための特別支援教育の推進（報告）」中央教育審議会初等中等教育分科会特別支援教育の在り方に関する特別委員会、（www.mext.go.jp/b_menu/shingi/chukyo/　ｃ　ｈ　kyo　3 /044/index.htm.pdf）

和光小学校編（1991）『共に学び育て子どもたち―健常児と障害児の「共同教育」15年の歩み』（星林社）

原著②

通常学級におけるインクルーシブ教育
―― 通常学級教育の実態と
インクルーシブ教育の実践的課題

石垣雅也・窪島 務

1 インクルーシブ教育
―― 核心は通常学級における教育内容改革の取り組み

　ユネスコのサラマンカ声明にも明らかなように、インクルーシブ教育の中心は、通常学級のカリキュラム改革にある[1),2)]。サラマンカ声明は、児童中心主義カリキュラムを提唱している。しかし、日本の通常学級における教育課程・内容を子どものニーズに合わせて修正することは本稿2節で見るようにきわめて困難な状況にある。その原因の一つは、日本の教育課程行政が旧態依然としており、インクルーシブ時代の個々の子どものニーズに合わせて教育内容、指導方法を柔軟に構成することへの配慮がまったくないことである。日本の教育課程行政は、「特別の教育課程の編成」を特別支援教育の通級指導、知的障害支援学級、知的障害支援学校、日本語教育、教育特区などのきわめて狭い範囲に限定し、通常学級における柔軟な教育課程編成を原則認めていない。そして、むしろそうした方向での行政指導は近年急に強まっている。一人ひとりのニーズに応じて多様な指導を可能にすることを標榜した特別支援教育と「特別の教育計画」（「特別の指導計画」と次々と名称を変更しつつ）が通常学級の教育課程に変更を加えることはできないという法制度の建前を呼び出した感がある。「合理的配慮」を行わないことは、障害者差別解消法によって「差別」であると規定されたが、「合理的配慮」（reasonable accommodation）は、一般には

accommodation（環境調整）に限定され、modification（教育内容の修正）には沈黙している[3]。

カナダのPrince Deward Tslandの教育当局発行の「個別教育計画—基準とガイドライン—」は、「適応adaptation」（米国のaccommodationに相当）の次に段階的に「カリキュラム修正modification」をおき、その次の段階としてIEPがある[4]。日本の「個別の指導計画」は、通常カリキュラムの範囲内で「環境調整」に厳格に押しとどめられている。その次のステップは存在せず、したがって「個別の指導計画」は環境調整に関わるのみで、米国やカナダのIEPとは言葉のみ類似しているもののまったく似て非なるものである。

こうした中で、日本の教育現場では、教育内容を個々の子どものニーズに応じて修正することを禁じ、対応を環境調整と指導技法に限定してかつ十分な条件のないまま、通常学級の担任に多様な子どもたちへの配慮の責任を担わせている。インクルーシブ教育としては、通常学級内での支援の体制、例えば、特別支援教育コーディネータ（SENCo）、特別支援教育加配、通級指導教室、支援学級の運営など、通常学級の担任がどのように連携できるか、ということも重要な検討課題であるが、本稿では枚数の関係から、その中心である通常学級の実態とそこでの学級担任の実践の可能性について述べることにする。

2　通常学級の現状——スタンダード化する学校

2007年より実施されている全国一斉学力学習状況調査（以下、学学調査）は、小学校通常学級における子ども理解と教育実践研究のありようを大きく変えている。子どもの学校における課題を考える時に、出発点に学学調査が据えられる。例えば「学力調査、国語Bの第○問の正答率が低かったことから、事実と自分の意見を区別して表記することに本校児童の苦手さがある」という「結果」が導かれる。学校の子どもの学力上の課題と理解され、その対策として日常の授業改善、学力向上策と校内研究のテーマが設定されていく。

さらに家庭学習の時間が長い子どもは、学力調査の点数が上位群であるという結果から、家庭は家庭学習への協力をお願いされる立場におかれる。

学校における教育活動の中心・出発点に学学調査の結果がおかれ、評価の一手段でしかなかった「テスト」が、教育委員会、学校ぐるみですべての目的へと収斂されていく[5]。

　このような状況と歩調を合わせるように、教育委員会、学区、学校単位で「○○スタンダード」と呼ばれる指導基準が導入されている。子安潤はスタンダードの内容を3タイプに分類している[6]。第一のタイプは教育政策を包括的に示したもの、第二のタイプは授業の進め方や、学級運営の仕方に関するもの、第3のタイプは教育内容や学力水準を示したものである。この中でもっとも多いとされる第二のタイプに注目してみると、スタンダードと呼ばれるものは、その原則として「すべての教員が、同じように子どもに指導をする」という趣旨が掲げられ、内容は大きく二つに分けられる。一つは態度面の管理事項、もう一つは授業展開の定式化である。

　態度面の管理事項は、話を聞く時の姿勢から、挙手、返事、立ち方、椅子の動かし方、座り方……などで、持ち物（鉛筆は何本で、ペンの持参の可否など……）は種類、数までが決められているスタンダードもある。

　過去に批判された管理主義教育と似通ったこのようなスタンダードが、学校現場にさほど抵抗なく導入されていく背景はどこにあるのだろうか。現場教員の感覚でいうと、これらのことは「学校で」決めておいてくれれば、子ども、保護者の不満を封じることができるという利点を感じる。各担任がクラスごとに決めた場合、隣のクラスとの違い、学年間での相違から、子ども、保護者の不満が表出することがあり、その対応に追われることを負担に感じることがある。学校、地域で管理事項が統一されていることで、直接的に一人で責任を負わなくてもすむ（ようにみえる）スタンダード化は現場教員にとっては福音のようなものでもある。しかし、スタンダード化は、教師をスタンダードに照らし合わせて評価することにもつながっている。多様な子どもがいる通常学級において、教師がこれらのスタンダードどおりに管理することが難しい子どもたちが一定数必ずいる。私たちの研究会に参加している若い教師のエピソードを一つ紹介したい。

　A先生は、5人を超える多人数のきょうだいの下から2番目の2年生の男の子H君を担任している。H君の作文を読むと、促音、拗音などはほとんどなく、

読み書きに大きな困難を抱えていることがうかがえる。きょうだいの何人かも同じような困難を抱えており、高学年になるとこの学校の学習規律やきまりに従うことができず、教室を飛び出したり、問題行動が頻出したりするような荒れをみせていた。A先生はH君の兄のR君のいた6年生も担任していたことがある。このきょうだいのいるクラスを4年連続で担任している。授業規律や、学校のきまりがなかなか守れないR君への「指導が甘い」「きちんと最後までやらせ切ることが大切だ」「守れないのだったら、教室から出して別室で指導をするべきだ」などと学年の同僚や、管理的、指導的立場の教員から言われることが多々あったという。

　スタンダード化は、可視化される教師の管理・指導水準を標準化し、実践評価の基準化へとつながっていく。そのスタンダードにあわない子どもたちはそれを梃子に排除される可能性がある。A先生のようにスタンダードを基準に教育実践を組み立てるのではなく、子どもの現実から教育実践を組み立てることはスタンダードからの逸脱を意味し、力量の低い教師として扱われる。必然的にスタンダードが支配的な学校では、目の前の子どもの現実や事実が放棄されていくことになる。

　インクルーシブ教育との関係でいうと、このようなスタンダード化は、特別な支援の必要な子どもにとっても「わかりやすい」という理由をつけて推進されていることを付け加えておく。スタンダードは「わかりやすい」ことが理由となっているが、それは教師にとってのわかりやすさであり、子どものわかりやすさとはかぎらない。

3　通常学級の教育課程・内容研究と教育実践

①通常学級における教育実践上の条件

　私たちは、2012年1月、「気になる子の指導に悩むセンセのための学習会」という学習会を始めた。この学習会は、通常学級において気になる子ども（特別支援対象の子どもや、対象として校内委員会等では認められなくても、担任がこの子の学習状況が気になるなぁと感じる子ども）に対し、担任としてでき

ることはないだろうかということを考えていこうと始めた学習会であった。

　K先生は、小学校２年生の担任。指導要領が変わって、特に算数でつまずく子どもたちが増えているように感じていたという。「それは、２年生４月の単元『時間と時刻』です。ある時刻の何時間後・何分後（前もある）の時刻や、経過した時間を求める学習なのですが、わかる子はわかる、わからない子は具体物を使っても教材を工夫してもわからない、といった状態でした。しかも５月の家庭訪問で、困っていた子のおうちで『うちの子、あの勉強、ぜんぜんわかっていませんねえ』『どうしたらいいですか？』と言われることが多く、私自身困っていますなんて言えず、『難しいですよねえ。学校でも繰り返し復習していきますから』と答えるのが精一杯でした」。

　このK先生の話から考えられることが多様にある。例えば、教材配列、教材（主たる教材としての教科書を含む）の選択の権利が、学校・教師に豊かに保障されていれば、12進法の「１時間」と、60進法の「分」が混在して表されているこの学習内容が、無理をして２年生の子どもたち（４月であれば７歳になったばかりの子と８歳になったばかりの子が混在する集団）に学ばせなければならないかどうかということは、教師の経験上判断がつくはずのことである。事実、「これってあんまりしつこくやりすぎても、このタイミングでわからない子にはわからないよ」というような会話が低学年の経験豊富な教師から語られている。

　経験的に指導要領や教科書で規定される教育内容が当該学年の子どもたちの学習課題として適切かどうかということを、教師は集団の蓄積として持ち合わせているが、その蓄積が発揮されない現状がある。それは、学校・教師に教育課程編成権や、教材の決定権が認められていないということに起因している。インクルーシブ教育の前提として、通常学級教師の教育実践上の条件が問われなければならない状況にある。

②子どもたちの納得を前提にした支援

　掛け算の九九が５年生になってもどうしても覚えられないY君を担任した。九九が覚えられないので、割り算をする時は割られる数の分だけ棒線を書いて、それを割る数の分だけ円で囲っていくという方略を用いている。それに気づいたのは、算数のテストの余白に100を超える棒線が書いてあり、そのうちのい

くつかが円で囲われていたが、途中でその円が途切れていたのを発見したからである。Y君にこれなに？と尋ねると、先の方略を説明し「でも、もういやになってん」と教えてくれた。

　このようなY君への支援として、九九表を持たせる、計算機の使用を認めるということが考えられた。その時に、Y君の他のクラスの子どもたちから「なんでYだけ。ずるいぞ」という声があがることが予想できた。そこで九九表については、希望者全員に配布することにした。計算機の使用については、「計算機を使わなければ、この学習が困難だという子は誰でも使っていい」と、子どもたちに投げかけてみると、実際に計算機を使った子は数人であり、その子たちも程度の差はあるが九九の暗唱に困難のある子どもたちであった。評価の段階では、計算機を使った100点と使っていない100点は同じ評価にはしないということを子どもたちに伝えた。そして、計算機を使った問題は青で○をつけることにした。Y君はテストが返ってきた時に「めっちゃ久しぶりの100点や！」と喜んだ。周りの子どもたちからは「青○やんけ！」と突っ込まれていたが、Y君は「ええねん。ほんまにひさしぶりの100点やねんから」と、喜んでいた。

　「特別扱い」への不満の根本には、不満を表出するその子自身が扱ってもらいたいように扱ってもらってこなかったという経験の蓄積がある。当事者の納得と、その子の周囲の子の納得とを作っていく合意形成の時間と場が保障される必要がある。

4　インクルーシブ教育の課題

―NPO法人滋賀大キッズカレッジの相談と実践を通して―

　滋賀大キッズカレッジは、発達障害、とりわけ学習障害を主とする子どもたちの相談と学習指導の民間の専門機関である。就学前から高校生まで多くの相談が寄せられている。保護者の相談から、学校における発達障害のある子どもの様子がうかがわれる。低学年で比較的多い相談は、ひらがなの読み書きが困難でいくら教えても覚えられない、学校に相談しても「大丈夫です、問題ありません」と言われる。けれども家で宿題をさせようとしても教科書を読もうと

しない、読むことはできるけれども書こうとしない、それでもさせようとすると親子喧嘩になる。学校では、教えればできるのでしっかり指導しますといってくれるけれど、本人は勉強がしんどく学校にも行きたがらない。最近はこうした不登校（傾向）になっての相談が多い。

　学校が読み書き障害のある子どもにとってつらい場所になっている。低学年でひらがの読み書きに困難がある場合、文字の読み書きの練習ではなく、その前提となる音韻意識の指導が重要になる。簡単な音韻意識の指導は少人数の集団でできることもあるが、困難が大きい場合、個別指導が必要になる。学習障害のある子どもは知的障害はないので、理解は悪くない。授業は見て聞くだけで大体は理解できたりする。そこに、文字の読み書き学習をいれると、気持ちも全体的に落ち込んでしまう。そんなときは、通常学級では文字の読み書きは全くさせずに、先生の話をよく聞くこと、質問には口頭で答えることに集中し、考える力を育てることに重点をおく。

　多くの子どもをみている通常学級の担任としては、個々の特別の配慮を必要とする子どもへの対応は、シンプルかつ大胆に思い切った方策を取ることが必要である。また、インクルーシブ教育は、重度の障害のある子ども、限られた教科で個別指導の必要な子ども、同質発達や障害を共通する子ども集団を保障しつつ教育を行うことを必ずしも否定しない。どの程度の教育内容の修正が必要になるかどうかがその一つの基準になるであろう。その意味でも一人ひとりの子どもが本当に学習内容を理解し、学習を人格的な力に高めていくために、子どもの学習権を基礎とする通常学級の教育課程・内容の実践研究が求められている。

【注】
1）清水貞夫『インクルーシブ教育への提言』クリエイツかもがわ、2012
2）石垣他「通常学級担任ができる子ども理解と実践研究の方法論的検討」SNE学会（2016）金沢大会ラウンドテーブル『発表論文集』2016
3）窪島務「特別ニーズ教育の今日的課題と『インクルーシブ』教育論の方法論的検討」SNE学会機関誌『SNEジャーナル』20（1）75-88、2014

4）Prince Deward Tsland　Department of Education:IEP Prannning –stanndard and guideline 2005
5）金馬国晴「『テスト収斂システム』が教育を壊す」『教育』2014年10月号、かもがわ出版
6）子安潤「授業のスタンダード化に向き合う」『教育』2016年4月号、かもがわ出版

原著③

高等教育・大学における発達障害学生支援

藤井克美

はじめに

　近年、日本においても、大学・短期大学等の高等教育機関（以下、大学等）に在籍する障害学生数は増加し、特に発達障害学生は急増している。日本学生支援機構が障害別障害学生数の統計を取り始めた2005年には障害別の中に発達障害名を記して統計資料に示していなかったが、翌年には127名、2015年には3,442名が在籍していてこの間27倍強もの増加である[1]。統計資料にあらわれるようになったのは、いわゆる「大学全入時代」に入り発達障害学生の進学が増えたことと、発達障害者に関する法律の整備が前進したこと、社会的認知の進展等により当事者が自分の障害を開示して支援を求めることが進んだことなどによる。

　その背景には加速するグローバリゼーションのなかで競争を支える人材育成のための大学等の改革が必要視されていることにある。2004年の国立大学法人化を重要な基点とした国際的な競争力強化を中核としつつも、「障害者の権利の関する条約（以下、障害者権利条約）」批准に伴う法整備を進め、大学等の大衆化と障害学生のユニバーサルアクセス支援は必然の課題となった。

　2004年に制定、翌年から施行された「発達障害支援法」の第8条第2項に「大学及び高等専門学校が、発達障害者の障害の状態に応じ、適切な教育上の配慮をするものとする」とある。同法において、発達障害の定義と社会福祉法制における位置づけを確立し、発達障害の早期発見、その支援の国および地方公共

団体の責務、自立および社会参加に資する支援を明文化した。そして大学等および高等専門学校においても教育的配慮を進めることが明記されたのである。

　小中学校で生活と学習と困難を抱える発達障害の疑いのある児童生徒の調査等が行われ、2007年から発達障害児等も含む特別支援教育制度になり、幼稚園と高等学校も含まれている。以前にも発達障害者は大学に在籍していたが、特別支援教育体制時代になってからは、高等学校までに開示をして支援を受けつつ学んだ生徒が大学に進学してくる学生は、進学率の増加と共に増えてきているとみてよい。

　大学等における障害者の生活と学ぶ権利の保障は、国内外で法的整備が進展してきたことが基盤になっている。それまでのようにいくつかの大学の建学精神や独自のアドミッション・ポリシー等により教職員や学生の支援活動によって障害学生の大学生活を援助して成り立っていた時代から法的根拠に基づいた支援活動が行われるようになったといえる。

　今日、わが国においても国際的にも、医学・心理学的なそれまでの「障害」に代わって「特別な教育的ニーズ（Special Educational Needs）」という表現が多く使われるようになったのは、1978年のウォーノック報告を機に進められてきた。それまでの障害観だけでなく、著しい学習上の困難を含む子どもを「特別な教育的ニーズをもつ子ども」として把握し、特別な教育的支援の対象とするようにした勧告をしたことがその緒となったといえる。発達障害とその疑いのある子どもも含めて特別なニーズをもつ子どもとされるようになったのである。そして、1994年のサラマンカ声明でのインクルーシブ教育の提起へ発展する。さらに、国際的な機運の高まりにより、2006年に国連総会で採択された「障害者権利条約」締結となり、日本もこれを基盤にした改革が進められたのである。

　この条約は相当数の国の障害者関係の団体組織等も参画して策定したことに特徴をもっている。日本は2014年にこの条約を批准し国内での法整備を進めた。その一環として2011年には「障害者基本法」が改訂され、障害者の定義が拡大され、合理的配慮概念を導入している。同法第2条には「身体障害、知的障害、精神障害（発達障害を含む）、その他の心身の機能の障害（以下「障害」と総称する）がある者であつて、障害及び社会的障壁により継続的に日常生活又は社会生活に相当な制限を受ける状態にあるものをいう」と定義された。

障害の定義が、それまで、心身機能的損傷を重視していたいわゆる医学モデルから、実際の生活のなかで社会的障壁から障害状態の判断をするいわば障害を社会モデルとしてとらえるスタンスに転換している。これを受け、2013年公布、2016年4月から施行された「障害を理由とする差別の解消の推進に関する法律（以下略称、障害者差別解消法）」のなかでも、この合理的配慮の実施が、日本国政府や独立行政法人や特殊法人については義務として、また一般事業者については努力義務として位置づけられている。

1　わが国における障害学生支援対策の経過

　わが国の大学では第2次世界大戦以前から、視覚障害や肢体不自由のある学生を受け入れていた。戦後の大学等における障害学生入学は、憲法第14条（法の下の平等）、第23条（学問の自由は、これを保障する）、第26条（教育を受ける権利・義務）などと教育基本法第3条（教育の機会均等）に基づいている。しかし、これらの理念が実現されるには、当事者や関係者の長年の努力や運動によって、「受験拒否が当然」という大学の門を開ける取り組みが続けられた。「進学適正検査」と「学力検査」とで入学試験を行われていた戦後10年間のなかで、視覚障害者の受験が認められるようになってから他の障害のある者の入学が、少しずつ見られるようになった[2],[8],[9]。

　障害学生のサポートシステムの構築は、「入試拒否差別事件」や1975年に東京で開催された「聴覚障害児教育国際会議」での受講保障の報告、日本特殊教育学会のシンポジウムなどを契機にしつつ進められた。発達障害学生の支援は、上記の法的整備によって進められるようになったといえる。

　文部科学省は2006年度から「障害学生修学支援ネットワーク事業」を開始し、「その「拠点校」として札幌学院大学、宮城教育大学、筑波大学、富山大学、日本福祉大学、同志社大学、関西学院大学、広島大学、福岡教育大学の計9大学を指定した。拠点校は、学内に「障害学生支援センター」等の相談、支援窓口を設置して活動を展開し、学内でのFD研修など進める。さらに、当該ブロック地域の大学と連携し各種研修会等を開催してきている。

また、発達障害学生支援の研究を目的として、2007年度から「新たな社会的ニーズに対応した学生支援プログラム（学生支援GP）」事業を開始し、48大学の中から富山大学、信州大学、プール学院大学が選ばれた。各大学で研究成果を発表し、継続した支援活動と研究がつづけられている[5]。

　なお、高等学校においても、文部科学省は2007（平成19）年度から、「高等学校における発達障害支援モデル事業」を展開し、毎年十数校を指定して支援実践の研究を進めている〈2014（平成26）年度からは「高等学校における個々の能力・才能を伸ばす特別支援教育充実事業」となった〉。これにより、発達障害の疑いのある者も含めた支援のあり方を求める枠組みは幼稚園教育から高等学校教育、そして大学等まで含まれるようになったといえる。

2　発達障害学生支援の実際・その成果と課題
　　──日本福祉大学における発達障害学生支援の活動から

　障害学生支援を進めてきた日本の多くの大学では、視覚障害、聴覚障害、肢体不自由など身体障害の支援が中心であった歴史の中で、学生自身が自分の障害のことを認識し、必要な配慮を求めるという取り組みを支援してきた。大学としての公の配慮を求める際には、大学生活での学生自身が自分の障害特性を認識していることを重視したのである。

　ここでは、筆者が勤務し障害学生支援を進めてきた日本福祉大学の障害学生支援センター（現学生支援センター）での発達障害学生支援の取り組みの実際について、その成果と課題を紹介してわが国の発達障害学生支援の課題とリンクさせていきたい[3),4)]。

　日本福祉大学は開学当初より障害学生が在学し、学生同士や教職員による支援活動が行われていて「日福大モデル」を構築してきている歴史がある。その蓄積された力量があるとともに今日の日本の障害学生支援の課題に新たな課題を鮮明にすべき課題も示唆できる。

　障害学生在籍数を早くから公表していた本学においても、発達障害や精神障害等は障害名を明記しないでその他の項目として公表していた。これは、本人

および家族が障害名を公表しないしないでほしいという要望があることや公表することが不利益になる場合もあるという配慮からであった。その下地があって、発達障害という項目を設けて在籍数を示すようになってから一定の在籍数を示しているし、日本学生支援機構が示した近年の急激な在籍数増加のような現象は本学では際立たなかった。

　発達障害学生を大学で支援対象としていなかった時期においても、単位取得、友人や教職員とのトラブル、就職相談などにおいて大学の各部署での個別の対応はなされていた。本学においても同様の傾向にあったが、事務職の中に専門的に対応するスタッフを配置するなどの対応を進めていた。障害種別の支援対応というより個別の対応を進めていたのである。診断は受けていると申請はするが一般には開示したくない学生や、診断がなく相談活動の中でその特性に対する対応を進める場合もある。

　このようななかで、本学の障害学生支援センターの対象に発達障害学生支援の取り組み内容をより鮮明にして『障害学生支援ガイド』を改善、充実したのが2010年からである。本学で進めてきた発達障害学生支援の取り組みは次の7点に整理できる[7]。

(1)本人告知の問題と自己認識を深める支援

　近年、オープンキャンパスでの個別相談では、発達障害学生の保護者からの相談が増えており、入学後の学習面や生活面での支援に対するニーズが非常に大きいのだが、その時点で本人に障害を告知している場合と、そうでない場合がる。発達障害に関して、本人への障害告知は重要であるが、その手法には課題が多い。現状では障害告知には、メリット・デメリットの検討を進めるとともに、告知は本人の状態と主治医や保護者の意向にゆだねざるを得ないのが現状であろう。障害名を告知しない場合でも、本人の困り感や周囲との関係の中でどう対応していくのかは、本人も周囲の人も共有していくことは望ましい。2016年4月から施行されている「障害者差別禁止法」の本人の意思表明の必要性からも重要なことである。

　入学時点で、自分の障害をよく理解している学生もいれば、診断名を知っていても発達障害名を冠する図書の知識をそのままあてはめて理解している場合、

また、障害名を他者に開示することで不利益を被ると思いこんでいる学生もいる。そうした現状から、支援にかかわる教職員は柔軟な対応が必要である。ある程度、自分の障害や特性について認識している場合には、大学生活の仕組みを提示しながら、実際にどのような場合に困りそうか、どのような工夫ができそうかを具体的に考えて、配慮を求めていくポイントを整理するところに重点をおく。一方で、告知を受けて間もない場合には、自分はどのようなことが苦手で、どのようなことが得意かということを細かく確認しながら、まずは自分自身のことをきちんと言葉にしていけるようになることに重点をおく。

　その際、本学では先述の『障害学生支援ガイド』別冊「考えてみよう・書いてみよう」というワークシートを活用しているが、視覚的な手がかりを提示しながら自分のことを書き込んでもらう方法をとっている。なるべく、自宅で事前に取り組んできてもらい、それを面談の場で一緒に確認をしながら話を進めていくようにしている。こうした視覚的な資料を媒体に面談を進めることで、学生自身の負担が軽減される場合もある。特に、その場での臨機応変なコミュニケーションが難しい場合にはとりわけ有効である。逆に書字や読字の問題がある場合には、口頭で読み上げて代わりに支援者が書き込んでいくという場合もある。いずれにしてもこうした「ツール」の活用は、入学後に必要な情報をさまざまな観点から大まかに学生のことを理解するための情報を収集するということを可能にしており、有効な方法である。

　入学後から1か月間はオリエンテーションをはじめ、初めて経験する大学での講義、時間割の作成など、大きな環境・生活の変化や大量の情報（刺激）により、ストレスフルな時期にもなる。一般の学生も同様ではあるが、環境や生活の変化への対応や、大量に入ってくる情報の中から自分に必要な情報を取捨選択することが難しい特性をもつ発達障害のある学生にとって、そのストレスは非常に大きい。刺激をある程度コントロールできる場所や安心できる居場所を学内に確保しておくことが重要であり、入学前からセンターとつながっている学生については、しばらくセンターが居場所になることも多い。また、混乱をしてしまったときにも、そのつど具体的なアドバイスを提供できたり、いま必要な情報とそうでない情報を整理したりすることができるため、情報を整理し「交通整理」をするという役割も果たしている。

発達障害の場合、セルフコーディネートを入学当初から行うことは難しいことが多いため、大学生活の中で徐々にそうした力をつけていけるよう支援している。

(2)アセスメントに基づく支援の立案
　障害学生支援において知能検査や認知検査等の心理検査、面談での情報収集などのアセスメントに基づく支援は重要である。Wais‐Ⅲ知能検査等は本人の認知特性を知ることができる客観的な指標として有効である。言語力や読解力・読書力に関する検査も有効な場合もある。本学では、支援センターのメンバーに諸検査を含めたアセスメントができるスタッフが配置されていてその役割を果たしている。

　当然なことであるがプライバシー保護を重視しつつ、ケーススタディを丁寧に行い支援内容を立案している。本人や保護者の了解のもとに行い、その結果についてどう思うかを学生に確認し、自身の理解や認識を深めることを促すことができる。主治医のもとで検査を受けている場合には、その結果について報告してもらうようにしており、検査を受けてない場合には、学生生活の状況を見て本人が自分の特性を理解することの手がかりを得るという目的で、大学入学後に検査を実施する場合もある。

　また、大学生活が始まってから起こるさまざまな出来事に、当学生自身がどのように対処しているのか、どのような感覚を抱くのかについて、定期的に確認することもアセスメントとして必要不可欠な要素である。こうしたアセスメントの効果は支援者側にとっても必要な情報であるが、何よりも本人のわかる形で伝えていくことが非常に重要である。発達障害学生の中には、自分のすべてを「発達障害だから」ということで説明しようとしたり、「障害」という言葉に過敏になり、支援を受けることを拒否的になってしまったりすることがある。

　いずれにしても、「偏った」理解にならないよう、学生生活の中で起こった事柄を話題にしながら自分の特徴や必要な対処の方法や工夫について、考えていけるようなやりとりが求められる。その過程で支援者の解釈が間違っていたり、客観的に判断されることとは異なる学生なりの理由や感覚が明らかになったりすることもあり、丁寧なやりとりを積み重ねることで、学生の自己認識も支援

者側の対象学生への理解も深まると考える。

なお本学では入学前面談時より『障害学生のためのキャンパスガイド』を手渡し、それに基づき支援の具体的な方法を共に考えるとともに、その別冊として「書いてみよう・考えてみよう」を手渡し、そのなかでで生育歴など記述してもらっている。本人記述の生育歴は重要なアセスメント資料となる。

(3) 学習上の困難への支援

発達障害学生が抱える困難の中で、学習上の困難である。特定の分野が不得意であったり、ある領域が苦手だったりする。

本学では、資料の文字拡大を教員にお願いしたり、教員の話の中で重要なことをノートに書き込むポイントテイクを活用したりするなど、従来の支援方法をうまく利用することでスムーズに受講することができている学生もいる。また、期限を守って課題を提出することができない、提示されたテーマの意図がよくわからず取り組めない、レポート作成が苦手でレポート提出できない、専門的で抽象的な科目になってくると理解が難しくなるといった困り感については、週2回午後の時間に、「学習サポートスペース」を開設し、個別の相談に応じている。ここでは、ソーシャルワーカーや臨床心理士など有資格者が1名入り、それ以外に大学院生や学部の4年生などがスタッフ」として配置される。

学習支援の取り組みは現在7年目を迎え、定期的に学習サポートスペースに来て学習に取り組むようになったことで単位の修得に結びついたり、レポート作成の要領が分かってきたりするなど、成果が見られるようになっている。また、同じ時間帯に複数の学生が利用することが多いため、「自分だけ困っているわけではない」ことを知ることができるという副次的なメリットも生まれている。試験前にはお互いに励ましあう姿も見られ、「共に学ぶ」ことが、あきらめずに取り組む姿勢をつくっているものと考えられる。

(4) ピアサポート活動のよる学生相互の支え合い

本学には、身体障害のある学生も多く在籍しており、多くの学生が友だち関係をつくるなかで障害のある学生に対し必要なサポートを行っている。センターを利用する発達障害学生の中には、視覚障害学生のガイドヘルプや肢体障

害学生の食事介助といった支援を行っている学生も少なくない。それらは学生同士が集える場所が用意されていることが前提ではあるが、友だち関係をつくる中で自然に生まれたものである。また、発達障害のことをみんなに理解してもらいたいという想いから、センターの学生スタッフとなって活動している学生もいる。

　こうした支え合いというのは、発達障害学生が社会的な枠組みのなかで、自分も何らかの役割をもって、周りに働きかけることができるということも体験し、自己効力感を育むことに大きく関係しているものと思われる。発達障害学生にとって、「ここに私がいる」「安心していられる」という感覚をもてるようになることは大きな課題である。誰かと関係を築く中で、助けたり助けられたりするということを体験することは、こうした感覚を育てていくことに大きな役割を果たすものと思われる。また、発達障害学生だけでなく、他の障害学生や支援学生にとっても、こうした自然な支え合いは、多様な価値観を認め合い、幅広い人間観を育むことにつながっている。

(5)当事者のグループ活動

　本学では、2014年度から発達障害学生当事者グループも作り活動している。週に1回1時間程度、昼食を共にしながら、自分たちの趣味や大学生活で困っていることを語り合う。この活動は、大学の中に「居場所」を1つ確保することの他に、自分の特性について理解したり、他の学生との共通点や相違点を知ることに大きな役割を果たしている。当事者グループの中でリーダー性を発揮する学生が現れることもある。また、発達障害児への支援を学ぶ学生から話を聞きたいという要望が出た時には、グループとしてどう対応するかを決め、学生からのインタビューに応じることもある。守秘義務などの約束を確認し、落ち着いて話ができる場所を確保したうえで行うものだが、他の学生からの質問に応じることも、発達障害のある学生が自分自身を振り返るきっかけにもなっている。

(6)自立に向けた生活スキルの獲得

　自立した生活を考えていく上では、大学生活の間に、自分で取り組めること

を増やしていくことも重要である。基本的なことだが、始業時刻に間に合う時刻に起床することから意識的に取り組む必要のある学生もおり、何よりもまず「生活リズム」という生活の土台を自分で組み立てるという意識をもってもらうということから始めなければいけない場合もある。障害特性と決めつけたり、一般的なルーズさと決めつけたりしないで、当事者にあったスキルの獲得が自立した生活を開いていくのである。

その他、自分の持ち物の管理や約束などの時間管理、家事スキルの獲得など、どのような工夫をしていくかを考えることも多い。学生自身が対応可能な工夫の仕方は異なるため、本人の特性に合った方法を一緒に模索することが重要である。

(7) チームによる支援と地域との連携

発達障害のニーズは個別であり多岐にわたる。したがって、大学での対応は、各部署でのそれぞれの役割に基づきつつ個別の役割を果たしていくことになる。発達障害学生に関わる人は増え、どの部署の教職員かによって果たす役割は異なるものの、お互いどのような目標をもってかかわり支援していくのかということを確認し合いながら対応していくことが必要である。

また、発達障害学生の中には通院している場合も多く、医療機関との連携は本人の大学生活を支えていくうえで重要である。診断を受けて通院していないという学生もいるが、卒業後を見据え地域で相談できる医療機関を紹介する場合もある。

さらに、就職活動の際、地域のハローワークや発達障害者支援センターなどの支援機関との連携をとることも増えてきている。就職活動がうまくいかなかった場合には、就労移行支援事業所につなげていくことが必要になる場合もあり、大学も積極的に地域の支援機関とかかわることが求められている。こうした地域にある支援機関とつながることは、学生が卒業後も相談できる場所とつながることを意味しており、長い社会生活を支えていく資源を本人が理解し、うまく活用していくために重要なことである。

2．発達障害学生支援の課題——高等教育機関・大学の果たす役割

　前述した本学の発達障害学生支援の実際の中にも課題は内包している。紹介した7項目は、今日の大学における発達障害学生支援の課題に対する取り組みともいえる。障害学生支援は視覚障害、聴覚障害、肢体障害等から進められることが多く、その方法は一定形式化されているように捉えられがちである。しかし、実際には、一人ひとりの障害の程度や特性、生育歴や学力、また、障害についての考え方など多様であり、したがって支援方法も個人個人にあった内容が求められる。とりわけ発達障害学生の支援は個別性が重視され、教職員と支援スタッフと当事者が共同でオーダーメイドの支援をつくっていくことが重要である。

(1)発達障害学生支援の特定、その学生への支援

　本人が要望すれば、診断されている発達障害のある学生が支援の対象になることは自明である。ただ、大学として支援の対象とするかどうかは定めにくい場合もある。前述のように診断され告知されている場合でも、本人の受けとめは多様である。さらに、本人が障害を周知したくないと意思をもっている場合もある。障害者手帳を保持している場合でもそうでない場合でも、その時点での教職員や学生同士の関わりで支援が必要なことが起こりえる。診断を受けた発達障害学生支援とともにその周辺でその疑いや特性がある場合の支援も今後の課題である。

(2)本人の意思表明

　「障害者差別解消法」には、本人が社会的障壁を除去してほしいという意思表明がった時、大学等はそれに応えることになっている。この意思表明する力量を養成することも含めて大学等の障害学生支援の取り組み内容とすることが必要である。本学では、障害学生支援の機関が総合的な支援をコーディネートすることと障害学生自身がセルフコーディネートすることとを、授業等を進める教職員との信頼関係構築を進めるなかで重視してきた。この意思表明をする力は、自己権利擁護力と訳されているセルフ・アドボカシースキル（SAS）と低

通している。もとより、意思表明する力は、障害の自己認識の育ちと深くかかわり、大学等入学以前の幼稚園から高等学校までの教育、とりわけ高校と大学の連携内容での取り組み内容となる。さらに、社会的自立に向けての大学での課題である。

(3)合理的配慮

大学等において合理的配慮が法的義務となってその歩みを始めている。発達障害学生が他の障害のない学生と平等な大学教育を受けることができる合理的配慮の具体的内容づくりは今後の課題である。各大学において共通する事柄もあるが、具体的内容は各大学学部によって異なる。それぞれの大学や学部に求められる社会的役割もあり、合理的配慮も一様ではない。障害のある学生の果たす役割とそれどれの大学、各学部の現時点での果たすべき役割には矛盾をはらむ場合もあり得る。この見通しをもった合理的配慮内容の前進が課題である。

(4)支援の情報共有とプライバシー保護

大学における障害学生支援は、そのために必要な情報の共有が必要となる。障害学生に関する情報を得ていなかったことからトラブルが起こったり、必要な支援が行われなかったりすることは多い。また、発達障害等について具体的な特徴などの情報がなく、理解不足の情報で問題が起こることもある。情報共有は重要である。しかし、障害学生についての情報共有と当学生のプライバシー保護とは相いれないのも現実には存在する。このあり方の課題は、学内で慎重に節度をもって合理的配慮が前進するように取り組まなければならない。

おわりに——大学で障害学生が学ぶ意義を考える

障害のある学生が大学で学び、社会の専門的分野で活躍するようになり、その役割は一定の評価がなされるようになった。発達障害の場合、ある分野で秀越した能力が発揮された例では賞賛されるが、一般的には評価されることは少なかった。今日、発達障害学生の大学在籍者は急増している。見えにくい、わ

かりにくい困難さをもつとされる発達障害学生が、大学で学ぶことの支援を進め、他の障害のない者と同等に学ぶことの意義は大きい。

　大学の使命として発達障害のある者が社会の専門的分野で活躍する人材を育てる役割を果たすことになる。そのことを教職員が理解を深めることとともに、次の社会を担う学生が人間の世界の多様性を理解し、それを尊重できる学生を育てるということになる。学生が自分とは異なる感性や感覚をもちながら同じ社会に生きている人たちが多数いることを自覚し、それを認めて協力し合える力を育てていくことが、発達障害を含めた障害学生が大学で学ぶ意義である。このことが、大学でのインクルーシブ教育を進める本質的な力になると考える。

参考文献

1）日本学生支援機構「大学・短期大学高等専門学校における障害学生の修学支援に関する実態調査」2015年度版
2）大泉　溥「わが国における障害学生問題の歴史と課題」『障害者問題研究』第35巻第1号（通巻129号）2007
3）藤井克美「大学における新しい障害学生支援の取り組み──日本福祉大学の場合」『全国障害者問題研究』第36巻第1号（通巻129号）2007
4）田倉さやか、藤井克美「発達障害学生の支援体制構築と支援内容の課題と展望──日本福祉大学における取り組みから発達障害学生支援を考える」障害者問題研究第43巻第2号（通巻162号）2015。なお、日本福大学の取り組みにつての紹介は、表現をやや変更しているが（注3）（注4）の内容と同じである。
5）斎藤清二・西村優紀美・吉永崇史『発達障害大学生支援への挑戦─ナラティブ・アプローチとナレッジ・マネジメント』金剛出版、2010
6）『教職員のための障害学生就学支援ガイド』日本学生支援機構
7）『障害学生支援センター年報』日本福祉大学、1900〜2016
8）中西喜久治『聴覚障害と英語教育　上巻・下巻』三友社、2001
9）筆者が京都府立聾学校に勤務していたころに、聴覚障害のある教員、視覚障害のある教員、肢体不自由のある教員から、このころ支援体制がほとんどないなかで勉学した大学生活の様子をお聞きしている。

原著④

重複ケア・医療的ケアの役割と教育

田村和宏、武分祥子

　ここでは、日本における重複ケア・医療的ケアについて、①教育現場を中心に「医療的ケアを必要とする子どもたちの教育」として田村和宏が、②看護の立場から「医療的ケアを担う看護職に期待される役割と課題」として武分祥子が執筆を担当してまとめていくことにする。

1　医療的ケアを必要とする子どもたちの教育

はじめに

　1970年代後半からの医療技術の進歩とNICU（新生児集中治療室）の整備などによって、生まれたばかりの赤ちゃんであっても手術や治療が可能になり、たとえ1000グラム以下の超低出生体重児であって、仮死状態で生まれてきても、危険な状態を脱し健やかに成長を遂げていく子どもが増えている。2016年5月に世界保健機関（WHO）が発表した「世界保健統計2016」[1]によれば、日本の新生児死亡率は1000人出産当たり0.9人（0.09%）で、アイスランド、ルクセンブルクと並び世界第2位の低さとなっていることからもそのことを伺い知ることができる。このような医療の進歩によって、救えるいのちがより増える一方で、重い機能障害をともなって生きることになる子どもたちもまた同じように増えている。呼吸管理、栄養管理、排泄管理などの高度な医療的ケアを日々

の生活の中で継続的に必要とする子どもたちである。

　障害者権利条約を批准し障害者差別解消法の施行にあわせて、「共生社会の形成に向けたインクルーシブ教育システム構築のための特別支援教育の推進」をわが国の教育の重要課題とし、そのなかで、医療的ケアを必要とする子どもの教育条件整備が進められようとしている。2016年6月には、「医療的ケア児の支援に関する保健、医療、福祉、教育等の連携の一層の推進について」という通知が出された。縦割り行政の壁を取り払うことを目的とした医療的ケアが必要な子どもに対する支援のために、より連携と推進を強めていくことが強く求められている。

　ここでは、このような高度な医療的ケアを日々の生活の中で継続的に必要とする子どもたちの教育の状況と課題について概括する。

(1)医療的ケアを必要とする子どもたち
①重症心身障害児

　重い機能障害をともなって生きる子どもたちについては、これまで重度の知的障害と肢体不自由を重複する「重症心身障害児(以下、重症児という)」が想定されてきた。重症心身障害という定義は、医学的診断名でなく、児童福祉法上の行政上の定義である。細かい判断基準については、国は明示していないが、現在では「大島の分類」[2]の1～4の状態を重症心身障害とするのが一般的である。その中でも、呼吸管理、栄養管理、排泄管理などの高度な医療的ケアを継続的に必要とする子どもたちを「超重症児・準超重症児」と呼んでいる[3]。医療的ケアは、その出発においては「超重症児・準超重症児」の問題とされてきたのである。

②医療的ケア児

　ところが、高度な医療的ケアを継続的に受けていて、状態像としてはほとんど重症心身障害児と変わらなくても、知的障害が軽度であったり、あるいは気管切開などをしても全身の運動機能にはあまり障害がなく移動等ができる場合などは、重症心身障害児と判定されない。そういう子どもたちが「医療的ケア児」である。近年、このような医療的ケアと呼ばれる子どもが増えている。

そして、いまもっと大きな問題としてあがっているのは、医療的ケア児の行き場（就学前）がないということである。保育園や幼稚園では、ほとんど受け入れてもらえない。利用可能なのは、障害福祉サービスの医療型児童発達支援センターということになるが、そこは主に重症児や超重症児らを想定した保育内容になることで本人の発達的要求とはずれが生じることや、二次圏域などの広域をカバーする事業のため、身近な地域にないということなどが、医療的ケア児の本人や家族のニーズにフィットしないのである。

⑵ 教育現場における医療的ケアへの対応
① 特別支援学校での「医療的ケア」

教育現場における医療的ケアへの対応が進んでいるのが特別支援学校である。

下川によれば、医療的ケアを必要とする子どもの学校教育の体制づくりがはじまるきっかけとなったのは、1988年に東京都教育委員会が「該当児童・生徒の就学措置は、原則として訪問学級とする。当該児童・生徒の実態について、総合的に判断し、通学生として措置することがある」という見解を出したことに始まったとされている[4]。当時は、医療的ケアを行うことは教育ではないという考え方が主流で、したがって痰の吸引や経管栄養の注入などは母親など家族がおこなうものとされ、ところによっては、喀痰や注入のたびに学校の敷地内でそれも行うことすらできなかったと下川は述べている[5]。

1970年代後半に産まれた医療的ケアが必要な子どもたちが、就学年令を迎える1980年代後半になると、当然のごとく特別支援学校における医療的ケアが必要な子どもの数は増えた。それに伴い、全国各地で医療的ケアを必要とする子ども

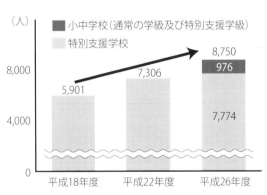

出典：文部科学省「特別支援等の医療的ケアに関する調査結果」
（※小中学校は平成24年度から調査）

図1 特別支援学校及び小中学校における
　　医療的ケアが必要な幼児児童生徒数

の教育について、特に教育現場における医療的ケアの実施について議論がわき起こった。「医療的ケアは生活行為である」「医療的ケアも教育的とりくみ」として、教員が医療的ケアの研修を積みながら、家族からの申請に応えるという形で一定の医療的ケアをおこなう学校が全国の中で増え始めたのがこの頃からになる。

　2012年に非医療職による医療的ケアは法制化され、国が定める研修を終了した認定特定行為業務従事者が行うようになり、教員が医療的ケアを行う流れは、この時点で学校に看護師配置をし看護師のみが医療的ケアを行うという流れに切りかわったかのように見えた。数字的に見ると、教員による医療的ケアは行わないとする県が2010（平成22）年度で14県であったものが、2012（平成24）年は19県に増えることになった。2013（平成25）年には「インクルーシブ教育システム構築事業」という枠内に位置づけて「特別支援教育専門家（看護師等）配置事業」もはじめられていくことになる。確かに看護師配置の学校は増えた。しかし、それ以上に医療的ケアを必要とする子どもの増加が多く、

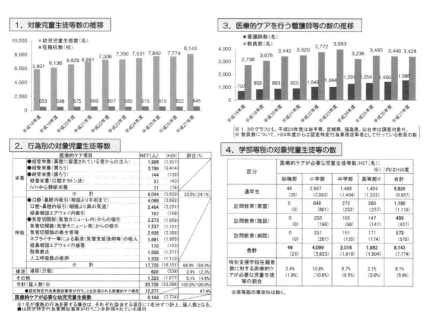

図２　学校において医療的ケアが必要な児童生徒等の状況【公立特別支援学校】：文部科学省初等中等教育局特別支援教育課「学校における医療的ケアが必要な児童生徒等の対応について（2016）」より

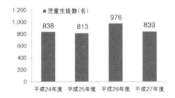

図3 学校において医療的ケアが必要な児童生徒等の状況【公立小・中学校】：文部科学省初等中等教育局特別支援教育課「学校における医療的ケアが必要な児童生徒等の対応について（2016）」より

看護師配置が追いつかない。（図1、図2、図3）そのこともあって、いったん看護師のみによる医療的ケアの実施としていた19県も、やはり看護師だけではなく教員も医療的ケアにかかわるように復活させ、現在、医療的ケアを看護師のみが行うとするところは、2015（平成27）年で12県に減少している。

特別支援学校の現場での医療的ケアの実施に関して、自治体によって考え方が異なっていることは、等しく教育を受けるということにおいて不平等を生んでいる。この医療的ケアをめぐっては、保護者付き添いが求められるところも増えている。30年前に後戻りしない安心を家族も本人も求めている。

②普通校での「医療的ケア」

就学前の行き場がない医療的ケア児の就学後の教育状況は、現状ではどうなっているか。学校選択は、重症児の場合の主たる就学先となる特別支援学校への選択とはならない。地域の普通校に通いたいと本人も家族も願っていることが多い。しかし、それは現在その門は閉ざされているところがほとんどである。「通

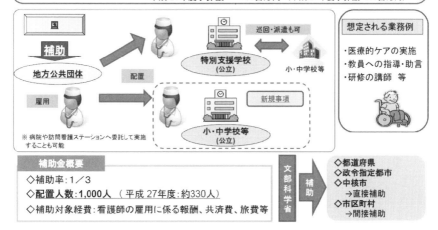

図4　(平成28年度予算)医療的ケアのための看護師配置事業(インクルーシブ教育システム推進事業費補助)

学可能な範囲には医療的ケアがある子を受け入れられる特別支援学級のある普通校がなく、特別支援学校しか選択肢はありませんでした」「医療的ケア児が普通級へ通うには親の付添いが必要です。それができない場合は特別支援学校へ通うしか選択肢がありません」「小学校は、看護師が配置されているという理由から、肢体不自由の特別支援学校に行くように言われています。その選択肢以外、与えてもらえません」という家族の声が如実にそれを表している。看護師配置がまだ足らない。そこで、これまで特別支援学校を対象としていた看護師配置事業助について、2016（平成28）年から小・中学校等を追加するとともに、配置人数の拡充を図ろうとしている。（図4）

(3)今後の課題
①多様な教育条件整備

今後も医療的ケアが必要な子どの数は増えることはまず間違いない。先に述べたように就学前の乳幼児期の生活において、子どもも家族も家族だけで子育

てを行うことよりも、友だちとの集団生活や子どもにとって必要な療育を受けることで、子どもの健やかな発達を願う地域での「行き場」を求めている。医療的ケア児などにとって、その発達支援を行う場をつくっていく動きが急速に高まっている。たとえば、重症児デイサービスといわれる医療的ケアを必要とする重症児の児童発達支援事業所が全国で急速に増加してきていることや、同じ障害福祉サービスにおいては「居宅訪問型児童発達支援」の新設、また、子ども子育て支援制度では「居宅訪問型保育」での医療的ケア児の保育の充実がはじまったところである。通うことだけにその選択肢を求めるだけではなく、発達支援の場所をベッド上にも広げながら多様な発達の舞台を用意していく模索がはじまっている。そういう多様な発達支援を受けながら医療的ケアが必要な子どもたちが、今度は学齢期になりその多様な療育や保育を学教教育で継続的にゆたかにされるものになるのか、その教育スタイルや条件整備の検証が必要になる。

②通学保障

今クローズアップされてきているのは、義務教育に「ふつう」に通うことができないことである。特別支援学校などに通う場合、スクールバスによる送迎を利用していることが一般的だが、医療的ケアが必要な子どもは医療的ケアがあるために送迎バスの利用ができない。したがって、送迎は自家送迎となっているが、その負担は相当なもので、合理的配慮の否定にあたるところでもあるのではないか。送迎バス等への看護師添乗の期待は広がっている。2012年から滋賀県において「医療的ケア児童生徒通学支援研究事業」として、その実施に向けた議論がされているが、まだその結論は出ていない。

③訪問看護の活用

医療的ケアの子どもたちの看護師配置という場合に、先の送迎バスの課題のように、医療的ケアの実施については、学校敷地内での行為に限られることが多い。したがって、通学問題だけでなく、修学旅行などの校外の学習においても対応ができないという課題を抱えている。ここを柔軟に対応できるようにしていくことも併せて解決することが求められている。たとえば看護師配置とい

う場合に、雇用をするということではなくフレキシブルに訪問看護を柔軟運用することで克服できないものだろうか。日常的にも医療的ケアを必要としている子どもたちは、訪問看護を少なからず利用しながら日々生活をしていることもあり、子どもとの関係性においてもよき理解者として、連携のとりやすさという点でもメリットが期待できる。

　訪問看護の制度は現在、健康保険法第二款八十八条で「訪問看護事業（疾病又は負傷により、居宅において継続して療養を受ける状態にある者に対し、その者の居宅において看護師その他厚生労働省令で定める者が行う療養上の世話又は必要な診療の補助を行う）」とされ、居宅以外の訪問については認められていない。したがって、地域生活の支援という場合でも外出などの付き添いなどは当然できないことが、いろいろ頭を悩ませている。

④シームレスな青年期へのバトンをつなぐ連携

　医療的ケアを必要としている子の就学前から学齢期へのシームレスな引き継ぎは、日常生活の支援のところでも、日中生活（療育・保育→教育）の多様な提供ということで何とか引き継ぎがされるような状況になってきている。しかしながら、学校卒業後のところでは、訪問による活動提供や送迎問題など必ずしも学校時代と同じような支援体制や内容が継続できるような制度には残念ながらなっていない。生涯発達の観点からライフステージをシームレスに引き継いでいるかを、青年期以降のところでも検証が必要になっている。

おわりに

　障害者権利条約に基づきながら、医療的ケアを必要とする子どもの教育条件整備は少しずつではあるが進展してきている。しかし先にあげてきたように、依然として課題は多い。しかもこの課題が今後どう解決に向かうかは、不透明なところでもある。教育権保障ということにおいて、医療的ケアが必要であることによって、その教育権を受けることの実質的平等がはかられていない事実は解消していかなければならない。さらに、そのことが住んでいる地域によって、その教育環境や教育条件という側面でも差が生じていることも、あわせて基礎的な環境整備として解消していくことが必要になっている。

安倍政権は2016年6月2日、「骨太方針2016」「日本再興戦略2016」「規制改革実施計画」および「ニッポン一億総活躍プラン」の4つを閣議決定した。このなかで「日本再興戦略2016」の2. 具体的施策で「医療的ケア児」への義務教育のための看護に関する新たな仕組みの構築」として、主には「訪問看護の見直しを含め、学校や通学時等の居宅以外の場所での看護が可能となるよう検討し、速やかに結論を得る」とされていることは、今後の「速やかな結論」に期待したい。

2　医療的ケアを担う看護職に期待される役割と課題

はじめに
　障害をもつ子どもたちの医療的ケアにおいて、ここでは看護職に注目して調査結果や文献から医療的ケアを考える。看護職の中でも、とくに小児看護領域や在宅看護領域での看護師の役割などに着目し、①障害児の医療的ケアに関わる看護師の現状、②障害児の医療的ケアに関わる看護師への期待を探り、課題を導き出すことにする。

(1)障害児の医療的ケアに関わる看護師の現状
　ここでは、障害児の医療的ケアに関わる看護師の現状について、①小児訪問看護に携わる看護師、②地域の小中学校、特別支援学校、重症心身障害児施設に勤務する看護師の現状から検討をしていきたい。
　まず一つ目の小児訪問看護については、平成22（2010）年3月に発表された全国訪問看護事業協会「障害児の地域生活への移行を促進するための調査研究事業報告書」から、その現状をまとめていく。この調査は、医療処理を必要としながらも在宅で過ごす6歳児までを対象とした訪問看護などの地域支援の実態を把握するために実施されたものである。
　アンケート調査は、全国の訪問看護ステーションや障害者支援施設などに、インタビュー調査は、利用者家族や看護師などに対して実施している。その結果、訪問看護を約8割が利用（平成21年9月の1か月間）し、訪問看護師の1回当たりの平均滞在時間は1.4時間、9割近くの利用者が訪問看護に満足して

いる状況が明らかになった。具体的な医療処置としては頻度の高い順に、吸引、経管栄養、気管カニューレの管理・交換となった。社会資源・サービスの利用先では、主に訪問看護ステーションとしており、さらに相談先としても活用していることがわかった[6]。

　以上のように、障害児の地域生活支援については、訪問看護ステーションの活動が不可欠であるといえ、医療的ケアを支援する主な担い手としての訪問看護師の役割が重要であることが示唆された。医療の高度化に伴い、在宅で生活する障害児のケアも高度化しており、今後ますます医療的ケアの需要が高まるものと推察できる。

　次に学校および施設に勤務する看護師についてまとめていく。

　地域の小中学校で医療的ケアを提供するために看護師が雇用されているが、そのような看護師は2012年時点で295名存在し、雇用形態は非常勤としての配置であるという[7]。この雇用数と雇用形態から考えられることは、小中学校で医療的ケアに関わる看護師は、数として少ない上に、不安定な就労や立場におかれているということである。

　特別支援学校については、柳本らが2012年に7都道府県3市の92校295名の看護師を対象に質問紙調査を実施している（回収率41.4%）。その結果、医療的ケアが必要な児童生徒の教育保障には、看護師資格だけでなく学校看護師としての力量形成が求められている点を指摘している。さらに、そのための課題として、「①常勤看護師配置、②看護師配置基準策定、③看護師研修の充実」の3点が不可欠であるとしている[8]。

　加えて、重症心身障害児施設に勤務する看護師の研修ニーズから現状をみていくことにする。木浪らは全国の重症心身障害児施設で働く看護職986名に対して研修ニーズを質問した。その結果、最もニーズが高かった研修内容は「重症児の救急対応」であり、最も低かったものは「看護師と他職種との協働・連携」であった。また実際に受講した割合が高かった研修内容は「重症児の摂食・嚥下機能のメカニズムと看護」であった[9]。

　このことより、障害児の医療的ケアを行う看護師が研修内容として望んでいる内容は、緊急時の対応であり、これは現場の日常業務で、看護師が最も直面している課題と推察できる。それに対して、他職種との連携についてニーズが

低いということは、私見ではあるが、連携にまで気が回らない業務の多忙さが背景にあるのではないかと推察する。

(2) 障害児の医療的ケアにかかわる看護師への期待

医療的ケアにかかわる看護師の役割については、清水による2015年発表の研究報告より探ってみたい。清水は、地域の小学校に通学する医療的ケアを要する子どもの親に対して半構成的面接調査を実施し、学校で医療的ケアをしている看護師の役割をどのように認識しているかを明らかにしようと試みた。その結果、医療的ケアを要する子どもの親は、看護師に①健康と安全の保持、②教育活動のサポート、③社会性の育み、④親のサポートを期待していることが明らかになったとしている[10]。この報告からみえてくるのは、子どもの親は看護師に対して、個別性を重視した本人や家族へのケアを強く望んでいる。それに加えて、子どもの成長や発達にあわせた支援や社会とのつながりも視野に入れた教育支援など、医療にかぎらない多岐にわたる幅広い支援を期待している。

そして大久保らは、医療的ケアが必要な在宅療養児を育てる母親への支援について分析している。その中で看護者は「母親が医療連携のキーパーソンとならざるを得ない状況を改善し、わが子のケアや育児に専念できるよう支援する」ことや「子どもの体調管理を母親だけに委ねるのではなく、継続的なサポート体制を構築する」ことの必要性を指摘している。加えて、看護者は退院調整においても退院後の関係職種とのコーディネートにおいても医療と福祉の連携に尽力する必要性を指摘している。

さらに、訪問看護師には「実際の生活を理解し、子どもの成長や生活状況の変化に応じた必要な支援」について中心的役割を担っていくことを期待している[11]。このことより、看護師は子どものケアに対して中心的立場から、サポート体制の構築や医療・福祉・教育に関わる専門職の連絡調整を図るなどの役割が期待されていることがわかる。

また、高橋らは医療的ケアを要する子どもの母親が医療者にどのような関わりを求めているかを、母親および看護師のインタビュー調査から検討した。そこから「医師と母親との関係性を見極め、必要に応じて両者の仲介役となる」看護師としての役割を示唆している。さらに子どもや母親が関わる関係機関お

よび職種のケア会議において、看護師が必要なタイミングで介入すること、そのために「積極的に母親との関係を築いていくこと」を求めている[12]。よって、看護師は、日常的に子どもや母親との信頼関係を構築し、支援の仲介役として他職種をつないでいく役割も期待されているといえる。

おわりに──医療的ケアにおける看護の課題

　医療的ケアに関わる看護の現状と看護師への期待をまとめてきたが、看護師に対する現場のニーズや期待は高いものの、一方でその期待に応えきれていない看護師の現状がみえた。その要因として、実際の医療的ケアは個別性がきわめて高く、かつ幅広い視野と知識・技術を必要とするものであること、家族をはじめ子どもを取りまく多くの関係機関との連携が欠かせないこと、医療だけではなく教育や福祉などの知識や実践が求められることなどが挙げられる。現在の看護教育や現任教育はそのことに応えうるだろうか。現在、看護教育で使用されている小児看護学のテキストでは、看護に必要な医学知識や技術の内容はもちろんであるが、発達障害者支援法および障害者総合支援法に基づいた支援、特別支援学校との連携などにも触れている。全体を通して、看護の対象は家族でもあり、またノーマライゼーションの考え方を基本に育つ環境を整え、専門職と協同していく支援を重要としている[13]。

　このように、現在の小児看護学の教育において、子どもの疾患や障害に対する知識・技術だけでなく、子どもを取りまく環境をも視野に入れた教育が始まっている。また在宅看護論のテキストでは、子どもの在宅看護の今後の課題として、インクルーシブ教育の大切さを取り上げている。訪問看護師は子どもの社会参加をめざし、その実現に向けて努力していく役割があることを明記している[14]。在宅看護論は、医療的ケアを必要とする子どもたちの現状に直面し、それに対応した支援を試みようとしている様子が伺える。医療的ケアの現状についてすべてを教育に反映させているとはいえないだろう。しかしながら、小児看護学も在宅看護論も現状に対応できる看護の提供に向けて、教育内容を変化させてきていることは間違いない。

　今回のまとめから、医療的ケアに関わる看護師への期待も高いことがわかった。このような期待に応えていくべく、看護教育も研修も変化していくべきで

あろうが、なかなかすぐには解決できるものではないことも予想される。しかし、現状を直視して取り組めることから始めることが肝要である。

まとめにかえて

　子どもたちが、医療的ケアが必要ということによって、その教育権を受けることの実質的平等がはかられていない事実は解消していかなければならないのではあるが、その不可欠な条件として、誰にでもどこでも必要な医療と教育、福祉を実現することが前提となる。その前提を実現していくためには、社会を俯瞰しつつ自分の役割を遂行し、周囲と協働をはかり現状を一歩一歩変えていくことが求められる。このことが医療的ケアにおけるインクルーシブの実現であり、その実現をめざしていきたいと強く思うところである。

【注、引用・参考文献】

1）World Health Statistics 2016, WHO, 2016.
2）1971年に府中療育センター元院長大島一良が発表した重症心身障害児の区分。知能指数と運動機能により分

	走れる	歩ける	歩行障害	坐れる	寝たきり	知能(IQ)
	21	22	23	24	25	80 / 70 境界
	20	13	14	15	16	50 軽度
	19	12	7	8	9	35 中度
	18	11	6	3	4	20 重度
	17	10	5	2	1	最重度

　　類右図のように分類している。今日は、分類表の1から4までを重症心身障害児と定義するのが一般的である。
3）1996（平成8）年、鈴木康之らが医療行為の実態をスコア化し、障害分類の基準とすることで提案された超重症児（者）スコアによるもの。スコア25点以上を「超重症児」とし、スコア10点以上を「準超重症児」としている。診療報酬における加算対象の基準としても用いられている。
4）下川和洋編『医療的ケアってたいへんなことなの？』ぶどう社、2000年
5）下川和洋「学校での「医療的ケア」の歴史と現状、そして今後」NPO法人医療的ケアネット編『医療的ケア児者の地域生活支援の行方──法制化の検証と課題』クリエイツかもがわ、pp.168-197。

6）全国訪問看護事業協会「障害児の地域生活への移行を促進するための調査研究事業報告書」平成22（2010）年3月。
7）清水史恵「通常学校において医療的ケアに関わる看護師の配置や雇用状況の全国調査──教育委員会を対象として」『小児保健研究』第73巻2号、2014年、pp.360-366。
8）柳本朋子、田中千絵、松原まなみ、猪狩恵美子「医療的ケア実施体制を支える看護師配置と研修の実態－－特別支援学校看護師調査より」『SNEジャーナル』第20巻1号、2014年、pp.178-195。
9）木浪智賀子、三国久美、川合美奈、畑江郁子「重症心身障害児施設に勤務する看護師の研修の実態──第1報　受講の有無と未受講者のニーズ－」『北海道医療大学看護福祉学部学会誌』第11巻1号、2015年、pp.11-16。
10）清水史恵「地域の小学校で学ぶ医療的ケアを要する子どもの親から見た看護師の役割」『日本小児看護学会誌』第24巻1号、2015年、pp. 9 -16。
11）大久保明子、北村千章、山田真衣、郷更織、高橋祥子「医療的ケアが必要な在宅療養児を育てる母親が体験した困りごとへの対応の構造」『日本小児看護学会誌』第25巻1号、2016年、pp. 8 -14。
12）高橋百合子、内田雅代、白井史、足立美紀、竹内幸江、安田貴恵子「医療的ケアを要する子どもの母親と外来看護師双方の関わり方の受け止めに関する研究」『長野県看護大学紀要』第18巻、2016年、pp.15-25。
13）二宮啓子、今野美紀編『小児看護学概論』（改訂第2版）南江堂、2015年、pp.281-364。
14）島内節、亀井智子編『これからの在宅看護論』ミネルヴァ書房、2014年、pp.281-363。

原著⑤

移行期教育と教育年限の延長

坂井清泰

1　トランジション概念のとらえ直しと支援のあり方

（1）人格発達の節目としてのトランジション

　学校生活から社会生活への円滑な移行を意味するトランジションは、1970年代後半、欧米において関心が払われ、研究されてきた。もとよりトランジションは、学校生活から社会生活への移行だけを意味するものではなく、OECDなどでは労働生活から退職後の生活といった移行も研究されてきた（ここでは、断りがない限りトランジションを学校生活から社会生活への円滑な移行の意味とする）。もちろんトランジションが、障害児・者に限定されるものでない。
　トランジションは、同時期臨床心理学の分野でも関心が向けられている[1]。臨床心理の分野では、トランジションを「人生の転換期」ととらえ、入学、卒業、進級、転校、就職、転職、退職、昇進、転勤、転居、結婚、出産、入院、退院など、さまざまな契機による人生の転換期を想定している。そしてそこでは、トランジションが人生の節目であるとともに、人格発達の節目ともなっていくことが示唆される。さらに渡部昭男は、トランジションは学校生活から社会生活への移行であるとともに、子どもから大人のへの移行（すなわち青年期）という二重の移行であるとしている[2]。このようなことから、トランジションを人格発達の節目となるよう教育的・発達的に組織すること[3]の重要性が浮かび上がる。

(2)日本におけるトランジションの発展

　日本においてトランジション支援が本格化するのは、第2次障害者計画（2003-2012年）が策定されて以降のことである。同計画において、教育・育成の基本方針として「乳幼児期から学校卒業後まで一貫して計画的に教育や療育を行う」ことが掲げられ、その基本方向として「障害のある子どもの発達段階に応じて、関係機関が適切な役割分担の下に、一人一人のニーズに対応して適切な支援を行う計画（個別の支援計画）を策定して効果的な支援を行う」とされた。

　しかしながらそれ以前より、障害者やその家族、関係者等は、一つは障害の早期発見・早期対応おいて、二つには就学指導において、三つには卒業後の進路指導において、これらを時系列においてつなぎ、障害児の誕生から学校卒業後まで一貫した教育や支援の必要性、重要性を認識し、さまざまな取り組みを進めてきた[4]。また同和教育運動など民間教育運動等においては、1960年代より保幼小中高一貫する教育、地域ぐるみの教育、進路保障の取り組みが進められてきた。このような障害児教育の分野をふくめ、日本の民主的教育運動が創造し発展させてきた就学前から卒業後の進路保障[5]、[6]までの一貫した教育・支援の成果を踏まえ、トランジション概念のとらえ直しとトランジション支援のあり方が検討される必要があろう。

2　「個別の教育支援計画」

　図1は、第2次障害者計画にある「個別の支援計画」の概念を示したものである。縦断的には就学前から卒業後まで、また横断的には教育・福祉・医療・労働の各領域の支援を統合したものとして示されている。

　この「個別の支援計画」は、教育・福祉・医療・労働等の関係機関の連携によって策定されるが、具体的にはこれらの機関が障害児童・生徒一人ひとりについて支援会議（ケース会議）によって策定される。その際、教育機関が中心となって策定される場合には、「個別の教育支援計画」という呼称が使われるが、概念としては同じものである[7]。また卒業間近に労働機関との連携を重視して策定

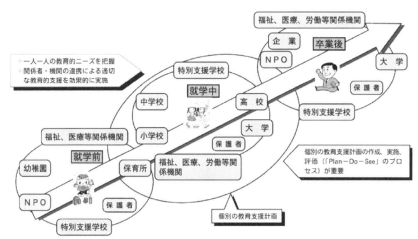

図1　個別の支援計画―障がいのある子どもを生涯にわたって支援

される特定時期の「個別の支援計画」は「個別の移行支援計画」と呼称される。

　特別支援学校小学部・中学部学習指導要領の第1章第2節にある「個別の指導計画」は、比較的長期のスパンで策定される「個別の教育支援計画」を踏まえ、教育課程を具体化したもので一人ひとりの指導目標や指導内容・方法を明確化し、きめ細かな指導を行うもために作成される。

3　学齢期とトランジション

　OECDの研究などにおいても、青年期のトランジションを「学校生活から社会生活への円滑な移行を意味するトランジション」として、最終の学校階梯から社会生活への移行に焦点を当てている。しかしトランジションを新しい生活への移行―人生の転機―としてとらえるならば、実践レベルでは小学校、中学校、高校の入学・卒業・進学、同一学校階梯での転出入もまた、青年たちの人格発達に影響を及ぼすライフステージの転換―トランジションととらえられる。さらに障害児の場合、障害のない児童・生徒と比べ相対的に新しい環境への適応が困難な場合が少なくなく、昨今の「いじめ」などの状況を想起すれば、不

登校などの2次障害のリスクも高いと考えられ、入学・卒業、進学、同一学校階梯での転出入もまた重要なトランジション課題ととらえる必要がある。

　障害児・者の場合、保育所や幼稚園などの就学前教育機関から特別支援学校小学部へ入学する場合では、当該児童の居住地から離れた特別支援学校へスクールバスなどで通学する場合が多く、保育所・幼稚園の友だちや兄弟姉妹など心の支えともなる人がおらず、入学後あらためて友だち・仲間集団をつくり育てていかなければならない。保育・教育内容においても、通常の小学校への入学を想定しての就学前教育機関の保育・教育内容と特別支援学校小学部の教育内容がうまく接続しているとは限らない[8]。小学校から中学校への進学に際しては、多くの場合、複数校の小学校から一つの中学校へ進学することから、友だち関係の再構築や学級担任制から教科担任制へ変わることから、障害のない生徒の場合でも円滑なトランジションとならず不適応を起こしたりする。そのうえ障害児の場合においては、特別支援学校高等部に進学するには、中学校段階で特別支援学校中学部に在籍しておいたほうが高等部進学には優位とし、小学校卒業後、特別支援学校中学部に入学あるいは卒業前に特別支援学校中学部へ転校を勧める自治体の例も見受けられ、トランジションにおける負荷は増すものと考えられる。

　義務教育修了時においては、障害のない生徒のほとんどが全日制高校に進学する。障害のある生徒の場合には、特別支援学校中学部卒業生のほとんどが高等部へ進学するものの、通常の中学校の通常学級に在籍した障害生徒については、全日制高校へ進学する者、高校入試が壁となって定時制高校や通信制高校を選択する者もいる。また通常の中学校から特別支援学校高等部へ入学する者もいる。なかには、将来生活の保障として、早めの就職や職業訓練施設への入所、さらには本来18歳以上を利用対象とする障害者施設に、特例を利用し15歳（義務教育修了）以上18歳未満であっても障害者施設を利用するケースもある[9]。

　さらに表1に見られるように、小学校・中学校、あるいは特別支援学校小学部・中学部という同一学校階梯においてさえ、転出入という形でトランジションが生じており、障害者基本計画に掲げられた乳幼児期から学校卒業後まで一貫した効果的な相談支援が実現できているのかが心配される状況である。

4　18歳以降の教育保障とトランジション

(1)通常高校卒業後のトランジション

　通常高校においてもインクルーシブな教育がめざされ、2001年度の特別支援教育体制への移行、2016年度よりは障害者差別解消法に基づく学校教育における「合理的配慮」義務化などにより、今後、高校においても障害生徒が増加することが想定できるが、直ちに特別支援学校に見られるような障害生徒に対する専門的対応が期待できるとは考えにくい。

　それは進路指導についても同様であり、障害生徒と社会的に認知されていたとしても、障害生徒の進学、障害者雇用、障害者福祉など適切で十分な対応ができない可能性は大きい。ましてや本人や家族が障害を受容できていない場合[10]等では、教育・労働・福祉・医療など多領域にわたって適切な支援が受けられない可能性はさらに大きい。

　高校卒業後あるいは中退後のトランジションの大きな課題としては、義務教育でない高校では、学校を離れるトランジション支援を含めさまざまな支援サービスをコーディネートする機関が曖昧になり（本来は福祉事務所などが対応すべきなのだが）、在宅生活に陥るなど円滑なトランジションが実現しない場合がある。例えば、発達障害生徒が2次障害として不登校となり中退等した場合、中退後の社会への移行において適切な相談・支援機関にうまくつなぐことができず、日常的・継続的支援が確保できないまま「社会的ひきこもり」になるケースもある。

(2)特別支援学校高等部卒業後のトランジション

　特別支援学校高等部卒業生については、進路先としては就労、大学等高等教育機関、特別支援学校高等部専攻科、教育訓練機関等（職業訓練施設、専修学校、各種学校）、障害者施設（通所・居住）などを主な進路先としてあげられる。

①就職・就労

　高等部卒業後の就職率は、2015年度では全体で28.8％であり、通常高校の就職率17.8％に比して10％多い。このことは、就職率が高いと言うよりも、後

で見るように18歳以降の教育が閉ざされていることの反映と考えられる。また表2は、障害種別の就職率であるが、聴覚障害の38.5％に対して肢体不自由は5.8％と7倍ほどの違いがあり、障害種による就労の困難さの違いが見られる。

②特別支援学校高等部専攻科・高等教育等

　高等部卒業後の教育保障については、2015年度の高等教育機関への進学率は56.5％であるのに対して、特別支援学校高等部卒業生の場合は高等部専攻科や専修学校等への進学も含めた進学率は2.3％に過ぎず、通常の高校卒業生と比べ大きな開きがある[11]。もちろん通常の高校を卒業して大学等へ進学した障害学生もいる。しかしそれらを勘案しても、障害のない生徒と障害生徒の18歳以降の教育保障において差別と言ってよい格差がある。

　表3は、障害種別による進学率を示しているが、視覚障害特別支援学校高等部（旧盲学校）卒業生の進学率32.5％に対して、知的障害部門卒業生はわずか0.4％と、障害種による格差が見られる。ただし旧盲学校卒業生の進学率の高さは、高等教育機関への進学ではなく理療科など高等部専攻科への進学が54％（2015年度）を占めていることによる。歴史的に、盲学校は戦前に設置され、江戸時代の鍼灸を生業とする盲人の当座道（座頭）を反映して3療（あんま・ハリ・灸）が職業教育として取り組まれてきた。戦後もその伝統が継がれ、新学制のもと高等部とともに専攻科が設置され、理療師養成が行われてきたという経緯がある。こうした経緯により旧盲学校（現視覚障害特別支援学校）の多くに専攻科が設けられてきた。

　旧聾学校（現聴覚障害特別支援学校）についても、戦前の聾学校中等部の職業教育の伝統を引き、高等部に専攻科が設けられているところが少なくない。これらに対して旧養護学校（現肢体不自由、知的障害、病弱各特別支援学校）は、戦後旧盲学校・旧聾学校が1948（昭和48）年度に義務化されたのに対し、旧養護学校の義務制は1979（昭和54）年度と実に1／3世紀も遅れ、さらに実質的な高等部希望者全員入学を実現したのは1990年代後半から2000年にかけてであったことから、今日ようやく18歳以降の教育保障の場として専攻科の設置が課題となってきたのである。

　ふりかえって障害児・者本人とその家族、関係者、国民のたゆまない運動の

第一の波を養護学校義務制実施の運動とするならば、高等部希望者全員入学の運動は第二の波であり、今18歳以降の教育の保障を求める運動は第三の波といえる。この第三の波18歳以降の教育の保障を求める運動は、2004（平成16）年には全国専攻科（特別ニーズ教育）研究会が組織され研究運動として展開されてきた。そしてこうした運動を背景に、2006（平成18）年度には、国公立の養護学校として全国初の専攻科が鳥取大学附属特別支援学校高等部に設置された。しかし、公立の肢体不自由・知的障害・病弱の各特別支援学校での高等部専攻科設置の壁は厚く、今なお公立の肢体不自由・知的障害・病弱の各特別支援学校においては、専攻科が1校も設置されていない状況が続いている。先の障害種による進学率の格差は、こうした特別支援学校高等部専攻科の整備状況が反映したものである。

　表4は肢体不自由・知的障害・病弱の各特別支援学校高等部の専攻科の設置状況を示したものであるが、これらはすべて知的障害部門である。これは、肢体不自由や病弱の場合知的障害を伴わず、通常の高校からの大学進学等を始め、特別支援学校高等部卒業後の教育の場としても大学等への進学が志向されていることによるものと考えられるが、肢体不自由や病弱にあっても、知的障害との重複がある場合には、大学等への入学は現時点では困難と思われる。

　興味深い点は、7校の私立のうち3校が社会福祉法人を母体にし、障害者施設での実践の中から、高等部専攻科が設置されてきたことである。その理由として、施設での実践を通じて、高等部本科卒業後直ちに施設へ入所するのではなく、さらに2年ほどの教育期間があった方が施設で力を伸ばしていくと実感されたことによる[12]。専攻科の設置は、卒業生を送り出す学校側からの意義だけでなく、障害青年を受けとめる施設側からも意義あるものとして設置が求められていることがわかる。このことは、滋賀県での専攻科に関する調査[13]において、きょうされん滋賀支部加盟の障害者施設の76％の職員が同様の理由で専攻科の設置に賛成していることからもわかる。

③ **大学**

　大学・短大・高等専門学校で学ぶ障害学生は年々増加し（図2）、2015年現在、大学、短期大学及び高等専門学校」の障害学生数は21,721人で全学生（3,185,767

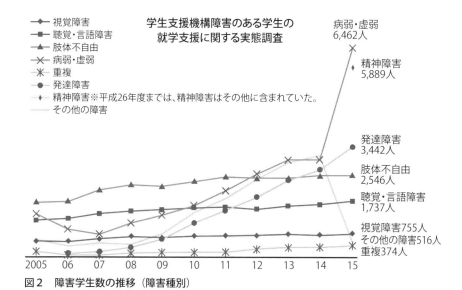

図2　障害学生数の推移（障害種別）

人）に占める障害学生の在籍率は0.68％となっている。

図3は、特別支援学校高等部卒業後、大学・短期大学・短期大学通信制に進学した生徒数を示したものである。図3と図4を比較すると、図3では病弱・虚弱の在籍数が最も多いにもかかわらず、図4では知的障害を除くと最少であり、このことから相当数の病弱・虚弱生徒が通常高校等から進学していることが推測される。こうしたことは

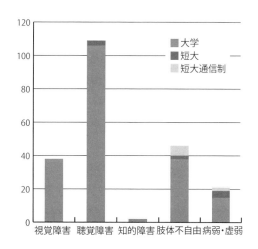

図3　特別支援学校高等部大学入学者数
（2016年度学校基本調査）

肢体不自由の場合も同様である。また図3から聴覚障害、視覚障害については、特別支援学校から大学等へ進学する生徒が少なくないことがわかる。

知的障害については、図3では在籍者が少数なため「その他の障害」として

扱われ、図4においても大学・短大に進学したものが各1名ずついるが、知的障害生徒の高等教育機関への入学は容易ではない。しかしアメリカにおいては、改正高等教育機会均等法により知的障害者の高等教育機関への入学の道が開かれてきており、日本においても早晩、知的障害生徒の高等教育機関への入学が大きな課題となってくるであろう。

⑶ 高等部本科・専攻科5年制と専攻科2年制

　肢体不自由・知的障害・病弱の各特別支援学校で高等部に専攻科を設置している学校は9校であり、うち8校が私立である。また特別支援学校以外に表5の通り通常高校や高等専修学校、NPO法人立の学校に障害生徒を対象とした専攻科が設置されている。

　これらの学校には、高等部本科3年間と専攻科2年間の併せての5年課程とするところと、本科3年課程・専攻科2年課程と分離しているところがあり、経営上の理由とともにそれぞれ一長一短ある。5年課程は本科・専攻科とゆったりとした一貫した青年期教育が期待される。本科と専攻科を分離した2年課程、専攻科への進学というトランジションが、教育的・発達的抵抗となって、本科とは違った生徒像が期待される。5年課程と2年課程のそれぞれの長短は、今後の専攻科教育の実践の積み上げにより検証する必要がある。

⑷ 「学ぶ作業所」とトランジション

　公立の肢体不自由・知的障害・病弱特別支援学校高等部専攻科の設置が進まない状況の中で、わが子の高等部卒業後の教育保障に待ちきれない家族によって、2008年にフォーレスクール（和歌山県田辺市）が開設された。フォーレスクールは、「学ぶ作業所」あるいは「福祉型専攻科」ともいわれものである。「学ぶ作業所」では、障害者総合支援法（旧障害者自立支援法）に基づく「生活訓練事業」を活用し、障害者施設において、訓練内容を実質的に専攻科教育相当の教育を実現しており、急速に全国に広がっている（図4）。

　「学ぶ作業所」は、制度的には障害者福祉制度に則るものであるが、「授業」を特別支援学校退職教員など教員資格を有するものが担当することで、「学ぶ作業所」の教育内容が担保され、ゼミの時間を設けたり、障害生徒が主体的に

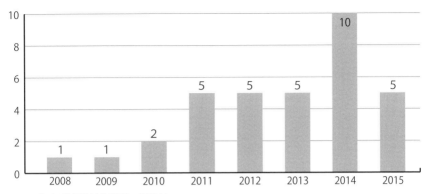

図4　年次別「学ぶ作業所」開設校

取り組む卒業研究を課したりするなど青年期教育としてのさまざまな試みが行われている。学費は、障害者自立支援法の規定による自己負担分だけであるが、交通費、給食費などは含まれない（学生割引も適応されない）。教育年限については、２年間とするところが多く見られるが、近年では米国において障害者の高等教育の保障が前進してきたこと[14]、日本においても高等教育機関への障害者の入学者が増加してきていることをうけ、知的障害者の高等教育保障として、「学ぶ作業所」においても教育年限を４年間とし、施設名に「カレッジ」等を用いるところも見られるようになってきた。

　表６は、和歌山の自立訓練事業シャインの時間割であるが、教育内容においてもテーマ研究や情報、経済社会など青年期教育としてさまざまな取り組みが進められている。このように「学ぶ作業所」では、18歳以降の障害青年に「学ぶ」場を提供するとともに、学習指導要領などによる制限を受けず、障害青年の主体性・能動性を引き出す青年期教育のあり方を示すものとなってきている。

　しかし一方「学ぶ作業所」は障害者総合支援法に基づく障害者福祉施設であり、公教育として取り組まれているものではない。それは、1979年度の養護学校義務制以前において、「施設教育もまた教育」として障害児の教育権を侵害してきたことを想起させるところもあり、公的には公教育として教育権が保障されているわけではなく、教育条件においても低位な状況におかれている。「学ぶ作業所」は、高等部専攻科や大学等での教育が保障されるまでの「緊急避難」的な教育の場として位置づけることが重要である。

5　トランジションとキャリア教育

　学校卒業後の就労と関わって、近年文部科学省などはキャリア教育を推進しているが[15]、特別支援教育においても例外ではない。その背景に、1977年度から2013年度までの高等部卒業生の進路先比率の推移を見ると（図5参照）、1977年度には42.8％あった就職率が2011年度には14.6％まで低下し、一方、障害者施設利用者が急増し近年では2／3に達するという状況にある。こうした進路状況にあって、職業自立をいっそう図るために特別支援教育においてもキャリア教育を強力に推進していこうとしている。

　キャリア教育はともに時系列的な概念であり、そのため日本においてはキャリア教育が前面に打ち出され、トランジションは後景に追いやられた感がある。しかしキャリア教育が、「ライフキャリア開発（人生における役割，環境，出来事の相互作用と統合を通じて行う全生涯にわたる自己開発）」（Gysbers,?Heppner&Johnston 2003）の支援を意味[16] に対し、トランジションは学校生活から社会生活への移行（質的転換）に焦点を当てた概念であり、キャ

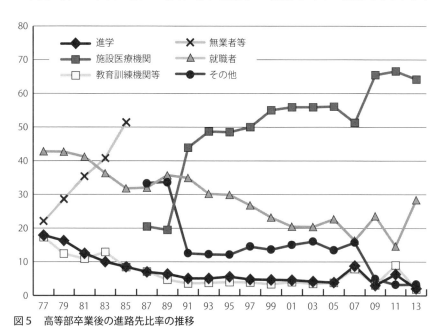

図5　高等部卒業後の進路先比率の推移

リア教育でもってトランジション支援における移行という独自課題の解決が図られるわけではない。また日本におけるキャリア教育は、もっぱら就労に焦点を当てた職業教育偏重のワーキングキャリアとなっていることから、ライフキャリアのもつ生き方や生活という重要な意義[17]を欠落させてしまっている。

【注】

1) ウィリアム ブリッジズ・倉光 修・小林 哲郎訳『トランジション―人生の転機』創元社、1994年
2) 渡部昭男『障がい青年の自分づくり―青年期教育と二重の移行支援』日本標準、2009年
3) あえて直線的でなく、円滑ともいえない教育的・発達的抵抗を加えることで、より豊かなトランジションを実現することも考えられる。
4) 全国障害者問題研究会第31回大会（1997年）基調報告「年齢もしくは発達のある段階で諸権利が総合的に保障されても、後の別の段階で権利がいちじるしく侵害されているという状況を放置するならば、障害者の障害の軽減、発達の保障、生活の質の向上は望めません。全障研は、障害をもつ人々のライフステージのすべての段階で、総合性とともに系統性・一貫性をもった権利保障システムを構築すべきであると強調してきました。乳幼児健診や早期療育、保育・教育など障害乳幼児に関する制度と施策の拡充からはじまって、成人期における労働、生活、所得、文化、スポーツなどの豊かな保障のための制度的整備まで、そして近年では高齢障害者の人権保障をも視野におさめて、まさに生涯にわたる人権と発達保障のシステムの構築に向けて問題を提起し続けてきました」
5) 進路保障では、社会の発展方向と自らの生き方を一本の筋で貫くものとしている。
6) 『障害児教育実践体系』労働旬報社，1985年
7) 特別支援教育を推進するための制度の在り方について（答申）
8) 特別支援学校学習指導要領において自立活動などの領域が設けられている反面、生活単元学習や「遊び学習」など就学前教育機関に見られる総合学習に近い学習形態のものもある。
9) 知的障害福祉法附則など
10) 通常の高校で学ぶ肢体不自由・聴覚障害・視覚障害・病弱生徒の大学等への進学者は増加しており、障害学生支援機構などの機関もある。
11) 2015年度学校基本調査
12) 例えば、三愛学舎（岩手県）の教員は、全国専攻科（特別ニーズ教育）研究会研究集

会において、「高等部を卒業して就職はしたが人間関係で離職するケースが多かったが専攻科を設置し、専攻科を卒業してから就職した人は離職がかなり減ったこの二年間の成長は大きい」「転職した者も11名いるが、かつてのような精神的に強いダメージを受けてドロップアウトした者をきかなくなった。むしろ転職先で積極的に生活している者の方が多い。新しい自分は、今までの自分とは違い、自分の人生を自分で決めていけるように熟成されたものになっているのかもしれない」と専攻科の教育的意義を報告している。

13）NPO専攻科滋賀の会、2007-2009年実施（専攻科滋賀の会「『もっと学びたい！』－特別支援学校高等部に専攻科を設置して豊かな青年期を－」2010年）

14）障害を持つアメリカ人法（ADA, 1990）、個別障害者教育法（IDEA, 1997）、高等教育機会均等法改正法（2008年）

15）中央教育審議会答申「今後の学校におけるキャリア教育・職業教育の在り方について」第3章4ほか

16）菊池武剋「キャリア教育」日本労働研究雑誌 No. 621/April 2012

17）アメリカの障害児協議会の公式見解として、「各人が有意味な生活を送るために学ぶ経験の総体…子供たちが、できる限り最も制限の少ない環境のなかで、彼らの最高水準の経済的、個人的、そして社会的実現（fulfillment）を遂げるのに必要な学問的、日常生活的、個人的－社会的、そして職業的諸知識とスキルを学ぶ機会の提供」とある。（金熙哲・三沢義一「アメリカにおける障害児のキャリアディベロップメントに関する研究動向」『特殊教育研究』1990-12）

原著⑥

障害者のアクセシビリティ
―― 誰もが移動しやすい交通環境とは？

野村 実

はじめに

　本稿では、障害者のアクセシビリティについて、誰もが移動しやすい交通環境とは何か、文献研究をもとに考察したい[1]。近年、障害者差別解消法や鉄道駅のホームドア設置問題などによって障害者のアクセシビリティは注目を浴びつつある。しかし、後述するように、その議論や運動は、半世紀前から始まっていた。ここでは、そのような議論と運動の変遷を整理しつつ、実際の施策がどのように変容してきたかを概観していく[2]。その上で、障害者の社会参加のコンテクストで、いまだに残されている課題を指摘しながら、障害者をはじめ誰もが移動しやすい交通環境の構築に向けての課題を提起したい。

　障害の程度や有無に関わらず、人は誰しも、好きなときに行きたい場所へ移動することができる社会が望ましい。しかし、現代の日本では、障害のある人が障害のない人と同じように移動できる交通環境が整備されているとは言い難い。たとえば旧国鉄時代から鉄道駅ではエレベーターの設置が進められてきたが、実際には乗車位置から離れた場所にある、もしくは利用可能時間が電車の運行時間と一致していない場合がある（交通エコロジー・モビリティ財団、2015）など、名目上のバリアフリーとなってしまっているケースも少なくない。

　2016年8月には、東京メトロの青山一丁目駅で、同年10月には近鉄大阪線河内国分駅で、どちらも視覚障害者の男性がホームに転落するという事故が起きている。こうした事故を受けて、ホームドア設置を急ぐ声も当事者団体等か

ら出ているが、コストや運行車両の兼ね合いで導入に踏み切らない事例も多く見られる。なお、2016年時点でホームドアが設置されている駅については、全国およそ1万ある駅のうち1割にも満たないため、視覚障害者の立場から考えると、やはり安心して移動できる交通環境があるとは言い難い。もちろん、ホームドアは視覚障害者の安全確保だけでなく、その他の障害者や子どもなど、誰にとっても有効な安全確保となり、特に狭いホームや傾斜のあるホームでは、車椅子やベビーカーの移動にとっても必要である。

このような障害者の移動や障害者をめぐる交通環境については、日本では1970年代ごろから積極的に議論がなされてきており、これと並行して当事者組織やその支援組織によって「交通権」や「移動権」を求める運動が行われてきた。2000年には高齢者、身体障害者等の公共交通機関を利用した移動の円滑化の促進に関する法律（通称・交通バリアフリー法、のちの2006年に「バリアフリー新法」へ統合）が施行され、高齢者・障害者の自立した日常生活確保に向けて公共交通機関等のバリアフリー化が図られてきている。

本稿ではまず、障害者の移動・交通について社会全体の交通環境がどのように変化してきたのかを整理し、その上で「交通権」や「移動権」をめぐって行われてきた運動を概観する。本稿後半では、近年の施策の変遷と、障害者のアクセシビリティの将来的な展望と課題について考察していく。

⑴障害者の移動に関する理念と権利保障

ここでは、障害者の移動に関する理念と権利保障について、主に交通権思想の文脈から議論を整理していく。

現代の日本の交通環境は、自家用車中心に構築されているといっても過言ではないが、モータリゼーションが始まったとされる1960年代において、湯川利和は「マイカー亡国論」（1968年、三一書房）を通して、来るべき自動車社会に警鐘を鳴らしていた。湯川（1968）は、自家用車が生活必需品と化すようになった場合には「社会的弱者」の生活権侵害や、人々の交通権侵害を招きうることを1960年代後半に指摘しており、これを「移動性の保障なき社会」と説明している[3]。

この「マイカー亡国論」で湯川は、障害者の移動に焦点を当ててきたわけで

はないが、米国を例にあげながらモータリゼーション批判を行い、クルマ社会の経済的・環境的、そして社会的な危うさを早期に唱えていたことは、国内外から多大な評価を受けている。また、この「マイカー亡国論」が「交通権思想の源流」（日比野、1999）として、のちの研究者・活動家に受け継がれてきたことは特筆すべき点である。

　また経済学の分野からは宇沢弘文が「自動車の社会的費用」（1974年、岩波新書）において、クルマ社会への批判を行うとともに「市民的権利の侵害」に言及している。ここでは宇沢は「歩行権」という理念を用い、安全かつ自由に歩くことができる歩行権は市民社会で不可欠であると説明している（宇沢、1974）。宇沢も、直接的に障害者の移動に言及しているわけではないが、「他人の自由を侵害しない限りにおいて各人の自由が存在しうるということ」を意味していた社会的自由の原則が、自動車の普及によって崩壊しつつあることを危惧している。

　このように、1960年代から1970年代にかけては、自動車中心社会の到来とともに、その負の側面を危惧する研究者たちによって、社会的・市民的な権利が主張されていた。障害者の移動・交通をめぐる運動的側面については後述するが、1970年代ごろから障害者の生活圏拡大運動が積極的に行われてきたこともあり、「障害者の社会参加をどのように支えていくか」へと転換していった（馬場、1999）。

　1980年代は、国際障害者年（1981年）や国連・障害者の10年（1983〜1992年）のほか、フランスでの「国内交通基本法」（1982年）の中で「交通権」が盛り込まれたという国際的動向を背景として、運輸省（現・国土交通省）も漸次的に取り組みを強めてきた時期である。さらには、「モータリゼーション先進国」とも言える米国において、1990年にADA（障害をもつアメリカ人）法が制定されたことも、日本の障害者の移動・交通に少なからず影響を与えているものと考えられる。中村（1996）は、ADA法成立以前から米国内の主要都市では、高齢者・障害者のモビリティ対策が大きく進んでいた、としており公民権運動の流れを汲みつつ「市民権」の問題として考えられてきたことに言及している。

　1990年代に入ると、日本では急速な高齢化の影響もあり、交通分野において障害者は「高齢者」と並列で位置づけられるようになった。1994年のハートビ

ル法（通称）、2000年の交通バリアフリー法（通称）では、「高齢者、身体障害者等」とされており、バリアを取り除く、ハード面のインフラ整備に重きがおかれていたと言える。JR駅でのエレベーター設置や、リフト付きバス、ノンステップバスが広く普及するようになり、いわゆる交通弱者に対して一定の策が取られてきた。

ただし安部（2012）は、交通行政の文脈で「交通の主体である市民に交通行政のスコープが及ぶことはほとんどなかった」としており、明治以降、交通行政の中心がインフラ整備と事業規制におかれてきたことを指摘している。一方で、障害者総合支援法（旧・障害者自立支援法）には視覚障害者に対する同行援護や、市町村の地域生活支援事業における移動支援など、利用者側の視点に立った仕組みが整備されつつあると言える。

ここで、2014年に日本が批准した障害者権利条約の中で、障害者のアクセシビリティがどのように位置づけられているのかを確認しておきたい。障害者権利条約第20条において「個人の移動を容易にすること」と規定され、その効果的な措置をとるとして「障害者自身が自ら選択する方法で、自ら選択する時に、かつ、負担しやすい費用で移動することを容易にすること」のほか、移動補助具や補装具へのアクセスを容易にすることが明記されている。こうした障害者のアクセシビリティを高めるために十分な措置を行うには、後述する障害者差別解消法においても同様であるが、交通事業者や自治体に大きな役割が求められている。

以上のように、障害者の移動に関する理念と権利保障について、湯川利和や宇沢弘文らの主張からその動態を捉えてきた。初期段階では自動車社会への批判が研究者たちによって行われてきており、その後、社会全体としても障害者の移動の問題を「個人の問題」ではなく「社会的・市民的権利」として捉えるように変化したといえる。

(2) 障害者の「移動する権利」を求める運動と施策の変遷

ここでは、障害者の移動・交通の権利保障の側面が障害者運動にどのような影響を与えてきたか、またそれらの運動が障害者の社会参加に向けた施策にどのように反映されてきたのか、表1を用いながらその変遷を簡単に整理しておきたい。

表 1　障害者の移動・交通に関わる主な運動および施策の変遷

年	主な事項
1973 年	京都市で「誰でも乗れる地下鉄にする運動協議会」の活動が始まる
1977 年	川崎市で重度障害者の路線バス乗車拒否に対する抗議運動（バスジャック事件）
1982 年	上野駅—日光駅間で「ひまわり号」の運行、障害者の「旅をしたい」要求実現
1983 年	「公共交通ターミナルにおける身体障害者用施設整備ガイドライン」策定
1987 年	国鉄の分割・民営化
1989 年	「誰もが使える交通機関を求める全国行動実行委員会」の結成
1993 年	「鉄道駅におけるエレベーター及びエスカレーター整備指針」策定
1994 年	「ハートビル法」（通称）施行、円滑に利用できる建築物の建築促進
2000 年	「交通バリアフリー法」（通称）施行、移動円滑化、市町村による基本構想作成

　「福祉のまちづくり」の著者である日比野正己は、交通権の理論的源流が先述の湯川利和の理論に求められるとすれば、「運動的源流は障害者運動にこそ発見できる」と説明している。また日比野は、1970年代から始まったとされる障害者の生活圏拡大運動や、移動する権利を求める運動は、当事者の「私も外へ出たい」という素朴な要求から始まったとしている（日比野、1986）。

　日本では、1973年に京都市での「誰でも乗れる地下鉄にする運動協議会」による運動を契機として、全国各地で障害者の移動する権利を求める運動が広まったとされる。京都市では、1970年前後に市営地下鉄の建設計画が浮上したことがこの運動の発端と考えられる。長橋（1986）によれば、この運動では、当時としては画期的な車椅子でのデモ行進が行われたほか、京都の婦人会や老人クラブの協力もあり、計20万人ほどの署名が集まったとされている。1981年の地下鉄烏丸線(北大路—京都間)が開通した時点で、すでに主要駅にエレベーターが設置されていた（当時では先進的であったとされる）ことは、「誰でも乗れる地下鉄にする運動協議会」の運動の成果であったというほかない[4]。この地下鉄運動は、将来的にエレベーターの全駅設置が行われることで一つの区切りがついたが、「障害者が自ら外へ出る喜びを味わい、生活圏をひろげるきっかけにもなった」とされている（長橋、1986）。

　一方で、川崎市で起きた重度障害者の乗車拒否という「事件」に対して、当事者たちが1977年に起こした「バスジャック事件」もまた、社会全体に大きな影響を与えた。この川崎市での「闘争」は、1970年代に始まった障害者の生活

圏拡大運動の中でも一つの転換点であり、障害者の社会参加を政府のみならず、社会全体が考える契機でもあった。実際、1983年には日本で初のガイドラインとなる「公共交通ターミナルにおける身体障害者用施設整備ガイドライン」が策定され、これがのちに展開されるバリアフリー関連施策の基盤となった。

　国際障害者年（1981年）の翌年、1982年には、東京都で障害者専用列車の「ひまわり号」が上野駅から日光駅（栃木県）の間を運行した。これは、障害者の「外に出たい」「旅をしたい」という願いを実現するために、「ひまわり号を走らせる実行委員会」が組織され、その運動が結実した成果の一つである。加えて、この組織には障害者のみならず、学生やサラリーマン、教員や主婦といったさまざまな人々が含まれていたことも特筆すべき点である。

　1983年には京都で、「全国にひまわり号を走らせる会・京都上北実行委員会」の主催のもと、障害者や堀川病院の職員ボランティアなど総勢およそ400名が、京都駅から信楽駅（滋賀県）まで旅に出たとされている。また1984年には、障害児者198名と各ボランティアグループ総勢474名が同じく京都から、須磨・海浜公園（兵庫県神戸市）に出かけたとされている。

　こうした動きは東京や京都のみならず、全国的に展開されていった。それま

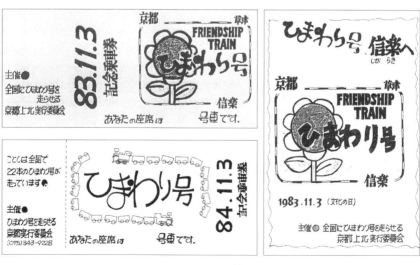

1983年・1984年のひまわり号（京都）の切符・資料等[5]

で列車で旅に出るという経験がなかった障害者や、生まれて初めて列車に乗った障害児にとって障害者専用列車の運行は、画期的な出来事であったといえる。この記録は『ありがとうひまわり号』（1983年、姥山寛代編）に所収されており、「百十年の国鉄の歴史に、新しいページを加えた」「ひまわり号を走らせたこの出来事で、歴史は、自分達が、この手で、この足で作るのだという実感を味わった」と前書きで述べられている[6]。

　地下鉄運行に対する運動があった京都では、名古屋市や広島市等での障害者の外出調査（1970年代）をもとに、1984年、京都市社会福祉協議会が「障害者の外出に関する調査」を行なっている。この調査を通して津止（1986）は、障害者の生活にとっての「拠点づくり」から外出問題を取り上げ、生活に密着した拠点施設を増やし、生活実態や要求に即して拡大強化していく必要性を言及している。こうした拠点づくりの文脈において、たとえば入浴サービスが受けられる施設や共同作業所などの「たまり場」としての諸施設と、自宅とをつなぐ移動手段が求められてきた。この調査の前後には、京都ボランティア協会の「道路点検調査」や京都府盲人協会の「バス発着場調査」も行われており、まちの実態が障害者をはじめ市民全体の生活にどのような影響を与え、どのような問題点を残しているのか、まちづくり点検調査を通じて明らかになったのである。

　また1980年代は、中曽根康弘内閣のもとで国鉄の分割・民営化が掲げられ、これに対する反対運動も盛んに行われてきた時期でもある。この国鉄の分割・民営化によって不採算路線の廃止や地方鉄道の第三セクター化などが進められたが、これまで障害者の生活において身近な存在であった公共交通の路線が減少あるいは廃止されていくことによって、交通権の侵害や障害者の移動する権利が象徴的に、その弊害として捉えられてきた。

　1988年には東京都新宿区で、リハビリテーション・インターナショナル（RI）の世界大会が開催され、障害当事者による「RIを機に行動する障害者委員会」が組織された。この中で「交通アクセスの改善」が掲げられ、翌1989年にはDPI（障害者インターナショナル）日本会議によって「誰もが使える交通機関を求める全国行動実行委員会」が結成され、交通環境改善に向けた運動が全国的に展開されるようになった。中西（2014）は、このDPIで交通アクセスの問題が取り上げられた背景について、障害種別を超えてあらゆる人がアクセスに関して

何らかのニーズを持っていたためと説明している。のちの1990年代以降にはガイドライン策定やバリアフリー関連施策が整備されるようになったほか、2000年施行の交通バリアフリー法では市町村による基本構想作成を明記するなど、より利用者・当事者の視点に立った交通環境の整備が求められるようになった。

このように、1970年代から1980年代にかけては、障害者の移動・交通する権利を求める運動が盛んに行われた時代である反面、それまでの交通環境がいかに「健常者向け」であったかを社会全体が認識するようになったとも言える。こうした運動は当事者の「外に出たい」という素朴な要求を、当事者自身やその家族、支援者等の人々が実現しようと地道な取り組みを続けてきたものであり、のちの1990年以降のバリアフリー関連施策の整備に影響を与えたものといえる。

(3)近年の関連施策に関する整理

次に、2000年代以降の障害者の移動・交通に関する施策の特徴を整理したい。

日本では、2005年に「ユニバーサルデザイン政策大綱」が出され、従来のバリアフリー施策に「どこでも、だれでも、自由に、使いやすく」という考えに加えて、利用者や住民の「参加」による計画策定等がめざされた。この大綱では、利用者の目線に立った参加型社会の構築やバリアフリー施策の総合化、公共交通利用の円滑化等が盛り込まれた上に、「暮らしやすいまちづくり」もキーワードの一つとなった。

2006年には、バリアフリー新法（「高齢者、障害者等の移動等の円滑化の促進に関する法律」の通称）が施行された。これはハートビル法の「点（建築物）」と交通バリアフリー法の「線（交通）」という視点からバリアフリーを考えるものであり、さらにハード、ソフト両面から施設の充実等を図ろうとするものである。またこれまでのハートビル法、交通バリアフリー法では、「身体障害者等」とされていたものが、バリアフリー新法では「障害者等」に変更されている。このことから、従来の物理的な障壁をなくすという身体障害者に焦点を当てた考え方に加えて、知的障害者や精神障害者、内部障害の人々等も含めた施策であるといえよう。

このバリアフリー新法では、交通バリアフリー法に引き続いて市町村の基本構想作成や、当事者の参画・提案制度の活用等が明記されている。一方、2000

年代の交通分野を俯瞰すると、とりわけ規制緩和（需給調整の廃止）が大きな話題となり、これまで「公」が担っていた路線バスなどを「民」に、すなわち民間委託する市町村が急増した時代であった。

近年では、公共交通利用に際して精神障害者の運賃割引が行われないケースがあり、割引を適用する民間事業者は全体の3分の1程度にとどまっていることも問題視すべき点である。日本における公共交通は独立採算制をもとに経営が行われているため、民間事業者が主体の場合は運賃割引制度に消極的な態度を示すことも考えられる。とりわけ精神障害者は、2006年まで精神障害者保健福祉手帳に顔写真の添付がなく、交通事業者は本人確認ができないことから、他の障害種別と比較して割引の導入がかなり遅れてきたという背景がある。これらのことから、全国各地で精神障害者の運賃割引のための署名運動や諸活動が行われており、一刻も早く、他の障害と同様に、全国での運賃割引制度の導入が求められる。

2010年には、バリアフリー新法での目標が期限を迎えることもあり、引き続き取り組みが必要とされるとして「移動等円滑化の促進に関する基本方針」の改正が行われた。ここでは、2020年度末までの新たな整備目標を設定しており、バスターミナルや鉄道駅の対象施設を、それまでの利用者数5,000人以上／日から3,000人以上／日に拡大した。また、この改正では国民の責務として、「心のバリアフリー」に向けた理解の必要性が明記されている。これは、外見ではわかりづらい聴覚障害や精神障害等の人々に対して、国民がこれらの人々の自立した生活の確保に理解を深めるということであり、ソフト面でのバリアフリー

表2　障害者の移動・交通に関わる2000年以降の施策の動向

年	主な施策の動向
2002年	道路運送法の改正、需給調整規制の廃止（いわゆる「規制緩和」）
2005年	「ユニバーサルデザイン政策大綱」が出される
2006年	「高齢者、障害者等の移動等の円滑化の促進に関する法律」の施行
2010年	「移動等円滑化の促進に関する基本方針」改正
2013年	「交通政策基本法」施行、交通の利便性向上、円滑化が図られる
2015年	「交通政策白書」の報告、2020年に向けたさらなるバリアフリー化の検討
2016年	「障害を理由とする差別の解消の推進に関する法律」施行

実現をめざすものでもあった。

　2013年には交通政策基本法が施行され、同法第17条において「高齢者、障害者、妊産婦その他の者」が社会生活を営む上で円滑に移動できるよう、設備の改善等の必要な施策を講ずるものとされた。また、2015年に報告された「交通政策白書」においても、地域公共交通確保維持改善事業等による支援のもと、「バリアフリーをより一層身近なものにする」ことが掲げられている。この白書ではまた、地域の実情を踏まえた多様な交通サービスについても言及されており、従来型の都市中心的なバリアフリーの考え方から、地方部や過疎地の実態も考慮した交通ネットワークのあり方を議論する必要があるものといえる。加えてこの白書では、2020年の東京オリンピック・パラリンピックに向けた「さらなるバリアフリー化」が明記されている。日本国民のみならず外国人の訪日観光客も、障害の有無にかかわらず行きたい場所へ行くことができるよう、より利用者・当事者の視点に立った交通環境の構築が求められる。

　2016年4月に施行された障害者差別解消法では、「不当な差別的取扱いの禁止」が明記されている。具体的には、行政や事業者は一律に「法的義務」とされており、障害者権利条約に示された合理的配慮の提供については、行政機関が「法的義務」、事業者は「努力義務」とされている。従前のバリアフリー関連施策では「事前的改善措置」に焦点が当てられていたが、障害者差別解消法ではそのような事前の措置を踏まえた合理的配慮を主としている[7]。しかし、対応要領の作成は地方公共団体等の努力義務とされているほか、先述の事業者についてもその規模や障害者との日常的な関係性にばらつきがあることから合理的配慮は法的に義務づけられていない。

　このことから、地域間や事業者間での対応に差異が生まれることも危惧される。ただ、合理的配慮の基本的な考え方である「過重な負担の基本的な考え方」で実現可能性および費用負担の程度に言及されているように、障害者と措置を講ずる側の双方でどのように折り合いをつけていくか、熟慮していく必要がある。これについては今後、別稿で、複数の事例を紐解きながら改めて述べてみたい。

　以上のように、障害者のアクセシビリティ関連施策について、主に2000年以降の動向を整理してきた。とりわけ交通政策に関しては、物理的な障壁の除去だけでなく障害者の当事者視点に立って多様な配慮・措置を行なっていくことで、

真の意味での「ユニバーサル・サービス」の実現が可能になるものと考えられる。

おわりに

　本稿では、障害者のアクセシビリティについて、主に文献研究を行いつつ、交通権をめぐる議論や運動および施策の変遷について整理を行ってきた。従来の障害者のアクセシビリティに関する研究では、法制度や国際的な動向について詳述されてきたが、本稿では日本の交通環境に焦点を当て、運動的側面とその動態について記述を行ってきた。障害種別や地域間で移動のニーズに濃淡はあったものの、これらを取りまく運動の発端はやはり「私も外へ出たい」（日比野、1986）という素朴な要求であったことに違いないであろう。そしてこの要求が出発点となって、当事者だけでなく家族、支援者、市民などを組織化し、さまざまな政策要求を行う原動力になってきたことがわかる。本稿では、以上のように整理を行ってきたが、障害者を含め社会の誰もが移動しやすい交通環境の構築に向けて、ここでは次の二つの論点を提示したい。

　第一には、地域間における交通環境の差異をどのように是正していくか、ということである。これは、交通ネットワーク的な側面もさることながら、それらの駅やバス停留所など、実際に利用する場所のバリアフリー化の議論にも関連するものである。本稿冒頭でもふれたホームドア設置問題も、従来の議論から推測すれば1日の利用者数などを基準として設け、今後の施策に反映されていくものと考えられる。しかし、たとえば視覚障害者がこうした利用者数の多い駅のみを使って移動するというわけではない。他の障害種別を考えても、たとえば無人駅を利用する障害者もいるであろうし、ラッシュ時間帯のみ混雑するハブ駅も存在するため、一概に1日の利用者数のみで判断していくことは、落下事故等の痛ましい帰結を招く可能性もある。

　加えて、これは本稿の研究課題でもあるが、都市部以外での障害者の移動の要求を、誰がどのように拾い上げて政策に反映させていくか、ということも重要な課題である。本稿で述べてきた運動的側面は、そのほとんどが都市部であり、似たような要求をもつ組織が結集して運動へとつながったことは理解でき

るが、そうでなかった障害者、すなわち地方部や過疎地で生活を営む障害者のアクセシビリティにも目を向けていく必要がある。これは、今後の研究課題として、今後のケーススタディ等での詳細な検討を行なっていくこととする。

　第二に、障害者の移動を保障していくべきは「公共交通」か「福祉輸送」か、という点である。もちろん、その両面からの取り組みは必要とされるが、広くあまねく移動手段を保障しつつ、それでも不足している箇所には個別的な福祉輸送、たとえば欧米でいうSTS（スペシャル・トランスポート・サービス）で対応していくことが求められる。この議論については、従来の交通権や移動の権利をめぐる文脈でも行われてきたことではあるが、公共交通か福祉輸送か、という二者択一ではなく、これらの組み合わせや連携・協働等も見据えて、関係主体間でさらなる議論を深めていく先に、インクルーシブ社会における交通環境のありようが見えてくるとも言える。

　具体的な事例を挙げれば、筆者がこれまで調査してきた事例では、三重県の玉城町において、社会福祉協議会が運行主体となって予約型のバスを運行し、住民のバス利用を通じて障害者のみならず、高齢者や児童など、広く地域住民のモビリティを保障している。紙幅の都合上、ここでは玉城町での事例を詳述することはできなかったが、公共交通としていわゆる交通弱者に移動手段を提供しながら、社会福祉協議会が運行することで、他の福祉サービスと連携することが可能となっている。すなわち、障害者や高齢者を問わず、利用者の体調や体力等、身体的な衰え等があれば、より個別の輸送につなげることができるのである。これはあくまで地方部の一事例であるが、こうした取り組みに着目しながら事例を比較し、よりよい交通環境を構築するための政策や取り組みについて考えていく必要がある。この点についても、先に挙げた研究課題の考察とともに、別稿に委ねたい。

【参考文献】
・安部誠治（2012）「交通権の意義とその必要性」『国際交通安全学会誌』Vol.37, No.1, pp.14-22

- 姥山寛代編(1983)『ありがとうひまわり号　日本で初めて走った障害者専用列車の記録』現代出版
- 宇沢弘文（1974）『自動車の社会的費用』岩波新書
- 岡並木（1973）『自動車は永遠の乗物か　新都市交通システム論』ダイヤモンド社
- 公益財団法人交通エコロジー・モビリティ財団（2015）「障害者差別解消の推進に関する研究　交通事業者向け対応指針への提案」『障害者差別解消の推進に関する研究　報告書』
- 津止正敏（1986）「障害者の外出要求と交通権」『障害者問題研究』NO.47, pp.29-42
- 中西正司（2014）『自立生活運動史　社会変革の戦略と戦術』現代書館
- 長橋栄一（1986）「障害者とまちづくり」『京のまちづくりと障害者』法律文化社、第1章第1節
- 馬場清(1999)「障害者・高齢者らの交通権」『交通権憲章　21世紀の豊かな交通への提言』第2部②第1章
- 日比野正己（1999）「交通権思想の源流と先駆性」『交通権憲章　21世紀の豊かな交通への提言』第2部⑦第1章
- 日比野正己（1986）「交通権の思想」『交通権　現代社会の移動の権利』第1章 交通権学会編
- 湯川利和（1968）『マイカー亡国論』三一新書

【注】

1）ここでの「アクセシビリティ」は、主に交通アクセシビリティを指し、情報アクセシビリティやウェブアクセシビリティは基本的に含まないこととする。本稿で用いる交通アクセシビリティの定義は、「居住地から、医療、買物、行政等、人々の日常生活に必要な活動を行う場所までの交通利便性」（国土交通省国土交通政策研究所, 2013）として説明を行う。

2）こうした対象・運動・政策を捉えた研究については、社会福祉における真田是の「三元構造論」が広く知られている。本稿では交通問題の対象の変化として、インフラ整備から利用者、そして障害者や高齢者に視点が向けられつつあること、運動では移動する権利を求める障害者運動の変遷、そして政策では、バリアフリーの文脈におけるハードの側面からソフトの側面への変化に着目している。

3）現代の開発途上国の交通事情は、自動車やバイクであふれているという意味で、1960年代の日本状況を彷彿させる。たとえば、筆者が2016年11月に実地調査を行ったベトナムのハノイでは、道路にバイクと自動車にあふれ、障害のない人でも歩行や道路の横断は大変危険であり、歩道には大量のバイクが駐車され、ラッシュ時には歩行者

が道路から排除されている様子を目にした。
4）これに加えて、同じく1973年に出版された、石坂直行氏の『ヨーロッパ車イスひとり旅』（筋ジストロフィーで四肢マヒの重度障害者がヨーロッパを旅する旅行記）も障害者の交通権運動に影響を与えたとされている（馬場, 1999）。
5）堀川病院元職員の斉藤貞夫氏による資料提供を受けた。またこの資料提供に際して、同じく堀川病院元職員の大野静代氏に多大なるご協力をいただいた。
6）姥山寛代編（1983）『ありがとうひまわり号　日本で初めて走った障害者専用列車の記録』現代出版、pp.6-7
7）公益財団法人交通エコロジー・モビリティ財団（2015）「障害者差別解消の推進に関する研究　交通事業者向け対応指針への提案」『障害者差別解消の推進に関する研究報告書』p.2

報告

飯田市のインクルーシブ教育
——飯田シンポジウムからの学び

一井 崇

はじめに

　本稿は、長野県飯田市において開催されたシンポジウム「日本におけるインクルーシブ社会の構築と教育の課題——長野県飯田市の取り組みを通じて」（2016年3月5日、飯田女子短期大学）における報告の概要を、筆者の責任において整理し、検討したものである[1]。

　長野県飯田市は、飯田下伊那地域の中心都市であり、県内4位の人口（約104,000人）である。同市は、「障害を個人の問題ととらえず、障害の予防や早期発見、早期療育を推進し、ライフステージに応じた切れ目のない総合的な支援ができるようにするため、地域内の福祉・医療・保健・教育・労働等の関係機関との連携を強化し、体制づくりを進めます」（「飯田市第4次障害者施策に関する長期行動計画」2013年3月）として、障害者施策の基本方向を示している。

　シンポジウムでは、まず共催者を代表し、飯田女子短期大学副学長の黒岩長造氏より挨拶ならびに同大学における特別なニーズをもつ学生に対する取り組みが紹介された後、研究代表者で立命館大学産業社会学部教授の黒田学氏による基調報告がなされ、その後、シンポジストによる各取り組みの報告とコメンテーターによるコメントが行われた。

　基調報告は、概ね次のような内容であった。まず、本シンポジウムの趣旨は、インクルーシブ社会の構築と教育の推進を図る上で、長野県飯田市に焦点をあて、障害のある子どもたちのライフステージに沿った、教育、社会参加、まちづ

くりを推進する取り組みの現状と課題をともに考えあうというものである。さらに、研究の背景として、1994年のユネスコ・サラマンカ声明（ユネスコ会議開催地スペイン・サラマンカ市）から20年余が経過し、インクルーシブ教育の推進が国際的な課題となり、2006年の国連・障害者権利条約に引き継がれ、各国の障害児教育・インクルーシブ教育の展開が注目されていることが指摘された。

その上で、基調報告では、次の4点が研究上の課題として披瀝された。

第1は、日本政府が「国連・障害者権利条約（2006年採択）」を2014年1月に批准し、これを受け文部科学省は2007年に特別支援教育に転換し、特別支援学校のセンター的機能の強化、スクールクラスター（域内の教育資源の組合せ）の構築を推進していること。第2は、同条約第24条「教育」に沿って、文科省は「共生社会の形成に向けたインクルーシブ教育システム構築のための特別支援教育の推進」を掲げ、合理的配慮や基礎的環境整備に基づいたインクルーシブ教育の推進をめざしていること。第3は、障害者権利条約における障害児の権利、特に教育を受ける権利の保障（第24条）は、きわめて重要な条項のひとつであり、インクルーシブ教育の実現によって、障害児の社会的排除や差別を克服することが国際的合意としてめざされていること。第4は、障害者の権利条約は、一般教育システムによる教育を障害児の権利として保障し、子どもたちが必要とする特別なニーズにしたがって適切な支援を受け、あわせて合理的配慮にもとづいた教育機会が提供されるべきこと、である。

基調報告では、さらに、ヨーロッパ、ラテンアメリカ等における本研究プロジェクトによる研究調査の概要および結果の特徴についても言及があり、本シンポジウムが5年にわたる研究プロジェクトの総まとめとして位置づけられる旨が述べられた。

1　飯田市こども家庭応援センター「ゆいきっず」における発達支援―飯田市

健康福祉部子育て支援課こども家庭応援センター・所長　蓑和巌氏

同センターは、子どもをもつ家庭が孤立せず、安心して子育てができる環境

整備を市民と行政が協働で行う中核施設として2015年7月1日に開所した。飯田らしい、人の結びつきや支え合いを表す「ゆい（結）」にちなんで名付けられた同施設には、就学前の子どもと親が一緒に遊べる「ゆいきっず広場」（週末も利用可）や、子育てに関する情報が得られる「すくすくサロン」、子育ての悩みに広く対応する「子育て相談窓口」を設けている。また、親子で楽しめるイベントや保護者向けの学習講座を基本的に無料で開設するなど、誰もが気軽に利用することができ、かつ専門職による相談も受けることができる場を併設することで、子育ての不安を解消し、課題の早期発見と対応に結びつけることを目的としている（対象は、市内在住の18歳未満の子どもとその保護者）。

　その背景には、乳幼児期からの発達支援の重要性が指摘されていることがある。飯田市保健課によれば、平成26年度の乳幼児検診において1歳半健診で14.5％、2歳児相談で23.4％、3歳児健診で10.9％の子どもが、発達段階での経過フォロー、あるいは専門機関への接続が必要であるという結果であった。また、市内の保育（幼稚）園からの巡回相談の依頼件数は、全体（3754人に対し）の約11％にのぼる。さらに、平成24年度の文部科学省の全国調査から、通常学級に在籍する小学1年生の9.8％に学習面または行動面で著しい困難がみられるというデータもあり、これらを踏まえると早期からの適切な支援が必要であるとの結論に至った。

　ただ、特別な支援が必要なケースであっても、子育てに対する強い不安（子育て方法に関する悩み）や家族の介護、経済的な事情により専門機関への相談をためらうケースもある。そのような家庭（特に親）に対しても、適切な社会資源を利用できるよう支援し、それぞれの家庭の状況にあった子育てを共に考え、作り上げていくための窓口として「ゆいきっず」の存在がある。

　子どもの発達支援についての連携体制は、飯田養護学校や市立、私立保育園・認定こども園、小学校、飯田市学校教育課や子育て支援課などの関係各部署、こども発達センター「ひまわり」、「ゆいきっず」などが、個別の指導計画作成の普及・推進策および関係機関との連携について検討し、確認している。

　平成28年度の目標として、「保護者が安心して相談できる総合的窓口として相談対応件数の更なる拡大を目指す」こと、「保育所・認定こども園における『個別の指導計画』の作成を引き続き推進し、早期発達支援を拡充していく」こと

が掲げられている。その具体的な取り組みとしては、以下の4点が挙げられる。①乳幼児検診や保育園・認定こども園巡回訪問の際の情報提供や啓発、②「子育て講座」「就園前発達支援学級」など、子どもの発達に沿った親子の学習機会の企画・提供、③連携会議の充実（保健、医療、教育、福祉など庁内関係部課に対する包括的役割）、④各園における「個別の指導計画」作成支援、である。

2　飯田市における副学籍制度化に向けた取り組み
飯田市教育委員会学校教育課教育相談室・教育相談員　中塚賢一氏

　2015年4月に飯田養護学校長より飯田市教育委員会に、「副学籍の制度化」に関する申し入れがあった。その中で、「副学籍の制度化」の取り組みが、飯田市におけるインクルーシブ教育の推進だけでなく、下伊那地域全体における同教育の進展にもつながるとの提言に基づき、平成28年度からの制度化に向けた取り組みが始まった。

　始めに、インクルーシブ教育推進の前提となる飯田市における特別な支援を必要とする子どもの現状について述べておく。

　まず、特別支援学級在籍者数の推移でみると平成8年度〜27年度にかけての20年間で、73名から406名に急増している。特に、平成25年度〜27年度において、診断を受けている発達障害児童生徒の中でも小学生のPDD（広汎性発達障害）の増加が顕著である（平成25年度〜27年度で71名から132名に増加）。

　次に、平成26年度における特別な支援を必要とする子どもの特別支援学級在籍率を県平均、全国平均で比較してみると、小学校では長野県の在籍比率が2.96％、全国平均が1.95％であるのに対し、飯田市は4.36％となっている。同様に中学校では長野県が3.18％、全国平均が1.66％であるのに対し、飯田市は3.78％と、いずれも飯田市の場合は平均をかなり上回っている。この主な要因としては、「通級指導教室の整備が、長野県全体で遅れていること」「飯田市においては、特別なニーズを必要としている児童への早期からの手厚い支援を大切にするという傾向があること」が考えられる。

　この現状に対して、通級指導教室は平成27年度現在、市内小学校3か所に設

置されているが、そこに通級する児童生徒数はすでに飽和状態であり、また、市費による特別支援教育支援員も配置しているが、これも市内全域の学校からの要望に対し、その6割程度の人員しか配置できていない。こうした現状を踏まえると、飯田市における特別支援教育のあり方を改めて見直す時期にきていることがわかる。

「飯田市立小・中学校における副学籍による交流及び共同学習実施要項」によれば、この「副学籍」とは特別支援学校に在籍する児童生徒が居住する地域の小・中学校に副次的な学籍をおき、当該小・中学校の児童生徒と共に学ぶ機会の拡大を図ると共に、当該特別支援学校に在籍する児童生徒に対する必要な支援を当該小・中学校においても行うための仕組みを指す。また、「在籍校」とは、副学籍の実施を受ける児童生徒が在籍する特別支援学校をさし、「副学籍校」とは、原則として副学籍を実施する当該児童生徒の住所の存する地域の小・中学校を指している。

現在、飯田市内の小中学校（小学校19校、中学校9校中）と、副学籍をもつことが考えられる児童・生徒が在籍する飯田養護学校との間で実施されている交流及び共同学習は、2015年度10月末時点で、小学校8校において13人の児童に対し行われている。今後、インクルーシブ教育をより一層充実させるためにも、共同学習を充実させていくこと、つまり単なる交流にとどまらず、交流学習から、さらに共同学習へと深化させていくことが重要であり、ここにおいて「副学籍」をもつことが大きな役割を果たすことになる。

この「副学籍」を通じた共同学習により、在籍校と副学籍校の教員間の連携が生まれること、また将来同じ地域で生活するかもしれない児童生徒間の相互理解が深まることが期待できる。

3　飯伊地域におけるインクルーシブ教育システムの構築と特別支援学校の役割

長野県飯田養護学校・教育相談担当教諭　山形弥生氏

飯田養護学校は、2013年より飯伊地域におけるインクルーシブ教育システム

構築のためのセンター的機能として位置づけられている。その機能の主な内容として、①要請に応じた教育相談（障害のある子どもに関する教育相談全般）、②自立活動教員による自閉症・情緒障害特別支援学級への巡回相談支援事業、③飯田養護学校への就学を想定した教育相談、の３つがある。本報告では、特に①②についての発表が行われた。

　まず、要請に応じた教育相談の機能については、保護者や幼稚園、保育所、小・中学校、高校、その他関係機関からの障害のある子どもに関する教育相談全般について対応している。相談形態としては、出張相談（下伊那地域では、山間地の小規模校が多く、学校訪問の際の移動距離が時には100kmを超えることもある）、来校相談、電話相談、（特別なニーズを必要とする子どもの）教育に関する諸検査の実施、支援会議出席、研修会の講師などがある。2015年４月から2016年までの全相談件数は454件であり、相談対象者の主な属性については、小学生が280件、中学生が99件、高校生が30件となっている。また、相談内容については、教育相談が189件、諸検査に関する相談が177件、その他となっている。

　これまでの２年間に山形自身が担当した事例の内、良い事例として挙げられるのが、ある小学校（Ａ校）との関わりである。同校において、担任や特別支援教育コーディネーター教員と共に授業方法などを検討する中で、事例研究会や授業のユニバーサルデザイン化に関する職員研修（３回）などを実施していった。これらの実践を通じて、教員間にインクルーシブ教育に対する意欲が芽生えている。

　具体的には、①全児童に特別なニーズの対象を拡げ、全職員で共有する（現在、全児童の17％が見守りの対象になっている）、②よりわかりやすい授業の提供、③保育園、中学校と保護者を含めた早期の連携、の３点が挙げられる。これらの取り組みの結果、現在のＡ校はとても静かで落ち着いた雰囲気を保っている。このことは、Ａ校にはすでに特別なニーズをもつ子どもを受け入れる教育環境の基盤がすでに整っていることを示している。これらの取り組みを通じた教員の経験が、教員の異動を機に県下の小学校へと広まり、インクルーシブ教育の進展にも寄与することが今後期待される。

　次に、自立活動担当教員による自閉症・情緒障害特別支援学級への巡回相談

支援事業については、長野県教育委員会の事業として、現在3名の教員が自立活動担当業務を担っている。同事業の対象校は、年度当初に校長会で決定された、自閉症・情緒障害特別支援学級を設置している27校あり、支援内容としては、学級担任への自立活動の指導や個別の指導計画の活用に関する相談・助言などを月1～2回程度の定期的な巡回相談を行っている。今年度の取り組みに関する対象校へのアンケート結果からは、自閉症・情緒障害特別支援学級の担当教員が少ないため、学校内で気軽に相談する相手がいないという現状に対する同事業の相談支援の有効性が改めて感じられた。

　今後の取り組み課題として、①学校ごとに担任や特別支援教育コーディネーターの教員などを含めたチームでの支援体制を考える、②支援内容や特別支援学級の教育課程の再検討、③個別指導計画の作成、諸検査の結果を日々の取り組みに活かすこと、の3点が挙げられる。

4　入所機能と家族の回復

社会福祉法人明星会明星学園・総園長　宮下智氏

　同法人は、明星保育園、障害者入所施設・明星学園、第二明星学園が事業運営の柱になっている。「みんな幸せになりたい。あなたも、私も。」を事業のテーマに掲げている同法人として、そのための条件を支援現場の一端を紹介しながら提示できればと考えている。

　障害者権利条約が示すように、インクルーシブな社会を構築する上で障害に対する医学的な側面を重視するよりもむしろ、障害者を取りまく一人ひとりの意識（家族、地域、社会全体）を変えること、つまり社会的な側面を重視することが必要になる。

　重度の知的障害者は、自分を支援してくれている周囲の人に「負担をかけている」との思いから、自分自身の意志を伝えることをためらいがちになる。このことは、健常者と同じ内面世界をもっている証でもあり、自分の意志を上手く伝えられない分、聞き取る側にはその意志や感情を汲み取ってあげることが求められる。また、「イヤ」という自己主張が認められにくい環境で育っている

場合もある。障害者が自分らしい人生を歩むためには、「イヤ」という否定的な主張を含め、障害者本人の自己決定力が必要になってくる。自己決定力を育むためには、周囲の価値観や判断ではなく、まずは障害者自身の自己選択を周囲の人が受容することが重要である。自己決定が認められることで、障害者は自己肯定感が増し、積極的に物事に取り組み始め、やがては自分らしい生き方を模索し始めること（エンパワーメント）につながっていく。

同施設に入所してくる障害者は、それまで不適切な教育や環境、支援によって二次障害、三次障害に発展しているケース（物を壊す、人を叩く、暴れるなど）が多い。入所の際、障害者本人には、「本人の意志に反して頑張りすぎなくてもいいこと（本人の意志を尊重した『支持的環境』」、「ゆっくりと休んでいいこと（休息と安全）」を伝える。そして、穏やかな説得を通じて本人の入所する意思を待つ姿勢が大切である。家族には、「本人の支援から少し離れて（休息と穏やかな関係）、本人と少し距離を置くことで気づくことがあること（関係のリセット）」を伝える。入所後は、障害者本人の自己決定を尊重し、それを支援していく（相談支援と自己決定を促すことによるエンパワーメント）。

また、家族には入所後の本人の行動を見守り（多くの場合、入所後しばらくは何もしたくない時期が訪れる）、その時期を経た後の初めての要求（自己決定）は必ず聞き届けるようにお願いしている（新たな相互理解と関係性の構築）。

最後に、支援者に求められる専門性とは、障害者の意志を感じる力、障害者の主体性を重んじ上手にかかわる力、そしてそれらを地域や社会全体に伝えていく力であるように思われる。

5　各報告に対するコメント

シンポジウムの後半は、2人のコメンテーターから先の4報告へのコメントが行われ、それぞれの取り組みから学ぶべき教訓と日本における特別支援教育およびインクルーシブ教育の課題について議論が交わされた。なお、コメンテーターは、宮城教育大学名誉教授の清水貞夫氏、大阪電気通信大学人間科学研究センター准教授の平沼博将氏であり、司会進行は黒田学氏が行った。

⑴蓑和報告に関するコメント：平沼博将氏

　飯田市子ども家庭応援センター「ゆいキッズ」の実践は、インクルーシブ時代に必要な発達支援、子育て支援のあり方として、個別の「支援（Support）」というよりも、子どもの発達、家庭での子育て、コミュニティを全体として「応援（Empowerment）」することに重点がおかれている。それらは支援対象の拡大や潜在的ニーズへの対応という点からも伺える（3歳未満児の3割が「ゆいきっず」に登録、相談件数が同センターの開所前後で2.2倍増、相互に子育ての様子を見て学ぶ「観察学習」の場としての役割）。つまり、同センターが、飯田市において、子育て支援部門におけるワンストップサービスを提供する役割を担っていることがわかる。

　同センターのさらなる発展に向けた課題としては、以下の3点が挙げられる。すなわち、①応援する家庭との距離感をどのように取っていくか（近すぎると各家庭の主体性を引き出せず、離れすぎると行政責任の放棄にもつながる）、②排除されるリスクの高い家庭への積極的な支援の必要性（虐待の可能性、外国籍の子どもをもつ家庭など）、③相談から支援までを一体的に提供できる機関の設立（特に医療との連携、療育部門の充実）、である。特に、③については、本研究プロジェクトにおけるスペイン・ムリュエット市の調査報告（『スペイン語圏のインクルーシブ教育と福祉の課題』所収）からも明らかなように、そのような機関の設立は切れ目のない充実した支援にとって重要である。

　同報告に付け加える形で、就学前のインクルーシブ教育を実現していく上での保育所・認定こども園における発達支援の課題についても少し触れておく。発達障害が疑われる子ども（いわゆる「気になる子」）が2000年前後から増加傾向にあるが、こうした子どもたちは家庭と保育所・幼稚園で状態像が異なることも多く、支援のための連携を難しくしている。この課題に対しては、「気になる子」にしないための飯田市における巡回相談のような保育場面における子どもの支援が有効である。また、インクルーシブ社会を実現していく上で、「気になる子」にしないための環境整備が不可欠である。加配保育士・加配教諭による対応だけでなく、むしろ、中心となる教育のあり方そのものを見つめ直すことが、インクルーシブ社会を構築していく上での教育の課題となる。また、幼稚園における学級定員や保育士配置基準の改善も喫緊の課題である。

⑵中塚報告に関するコメント：清水貞夫氏

　飯田市は、2016年4月より「副学籍の制度」を下伊那地区で初めて導入し、飯田養護学校在籍児（市内在住の生徒は小・中学部の約60％）に市内小・中学校の「副学籍」をもたせることで、今まで以上に居住地校での「交流及び共同学習」を活発化させる。特別支援学校（養護学校）に就学するということは、自らの居住地から離れて学校生活を送ることを意味する。それは、居住地に友だちを見い出せなくなり、将来にわたり生活するであろう地域社会とも無縁になってしまうという難点を抱えている。飯田市の「副学籍の制度化」は、「副学籍」をもつ居住地校にとっては、「本来なら自校に就・修学するはずであったが、都合により特別支援学校にお願いして教育していただいている」児童生徒を、「交流および共同学習」という形で受け戻す、と捉えることになる。この「副学籍の制度化」は、そのような意義をもっている。

　特別支援学校の児童生徒の一人ひとりが、本来なら通学する学校に地域の同輩と共に通学し、同輩と共に遊び、学ぶ教育活動に参加するため、居住校と特別支援学校の教員にはさまざまな課題が突きつけられる。それらの課題を克服する上で、最も困難なことは、「『交流』の域を超えて『共同学習』へと進むためのカリキュラムの『変更と調整』を工夫し、実現できるか」である。居住地校における交流を単なる「交流」レベルから「共同学習」レベルに高めるためには、授業のユニバーサルデザイン化だけでは不十分であり、カリキュラムの「変更や調整」を教科ごと、授業ごとに検討しなければならない。

　「副学籍の制度化」に向けた今後の課題として、3点提示したい。まずは、①「副学籍」を特別支援学校におき、「在籍校」を居住地校におく方向の検討、②「在籍校」と「副学籍校」の職員室を共有する特別支援学校分教室の設置の検討、③居住地交流を有価値化するための共同学習カリキュラムの充実を図ること、である。

⑶山形報告に関するコメント：清水貞夫氏

　インクルーシブ教育の「理念」は、多様性と差異を包摂する教育であり、それは通常教育の変革を経て初めて実現する。この多様性と差異は画一性を最も嫌い、その画一性と相反するものは柔軟性となる。画一性から柔軟性への思考

の転換、つまり、既存の学校文化（慣行、慣習、規則、ルールなど）や価値観を再検討することが求められる。また、インクルーシブ教育とは特別な教育的ニーズを必要とする子どもに対するサポート付きの通常教育を実現することであり、そのための「連続した学びの場」が国の施策としても構想されている。飯田市に即していえば、これまで飯田養護学校を頂点とするサポート付き小・中学校システムにおいて「連続した学びの場」を構築してきたと言える。

　今後の飯田市の課題として２点挙げておきたい。まずは、①「人」にサポートをつける工夫（「連続した学びの場」システムと併用して、通常学級の複数教員制、各種の外部専門家の導入、各種巡回指導、支援員の配置など）、②高等部の肥大化への対処（通常の高等学校における分教室の設置）である。飯田市においては、構築されたシステムにおける一つひとつのサポートをより充実させ、特別支援教育を「学校と学校」という結線（特別支援学校－地域の小・中学校の相談、支援が線的に結ばれること）が、「学校から面へ」（福祉、医療など地域資源が小・中学校などとクラスターのように結びつき、協働すること）と面的に広げていくことが期待される。

(4)宮下報告に関するコメント：平沼博将氏

　明星学園での実践から、問題は障害者にあるのではなく、受け入れる私たちの意識にあるということを改めて実感した。そして、その取り組みからは、以下の４つのことを学んだ。すなわち、①本人だけでなく、家族のライフステージも視野に入れた「支援」（エンパワーメント）と「待つ（見守る）こと」（次のステップに進むための一時的な休息を保障すること）の大切さ、②「支援」とは、障害者自身の自己決定力を育むことであること（決して家族や支援者の意向通りに変化させることではない）、③支援者として「問題（行動）」がないことを「問題」と感じられる感性をもつことの大切さ、④入所施設には、障害者と家族の膠着した関係を変容させる役割（機能）があること、である。

　重度の障害がある方の療育相談では、「問題行動」の原因を丁寧に探っていくなかで、その方の「優しさ」や「繊細さ」に気づかされることも多いが、明星学園の実践報告からも、そのことの重要性を改めて認識することができた。

　障害者福祉の現場にも「暴力の文化」が広がりつつある（障害者施設や高齢

者施設における虐待[死]事件など)。インクルーシブ社会の構築とは、「怒り・怯え・恨み」から生まれる「排除の論理」に基づいた「暴力の文化」を、明星学園の実践に貫かれているような「信頼・共感・理解」から生まれる「平和の文化」に転換していくことに他ならない。

おわりに

　本シンポジウムを通じて、飯田市におけるインクルーシブ社会の構築に向けたさまざまな取り組みを、子育て支援、教育、就学後の社会参加という一連のライフステージからそれぞれの関係者に報告いただいた。それらの取り組みから、特別なニーズを必要とする子どもに対する「かかわる主体側(親、教員、行政、地域社会など)」に変化が求められていることを再認識することができた。

　2011〜2015年の5年間にわたり、「特別なニーズをもつ子どもへの教育・社会開発に関する比較研究」をテーマに進められてきた本研究プロジェクトにおいて、世界各地の特別ニーズ教育と福祉における現状や課題に関する調査が行われてきたが、その総括として本シンポジウムで紹介されたの飯田市における取り組みは、日本のインクルーシブ社会の構築に向けた先進事例の1つと位置づけられる。同地域のインクルーシブ社会に向けた変化への胎動はすでに始まっており、これらの取り組みは、今後の日本、あるいは世界におけるインクルーシブ社会構築のための一つの指標になると言えるのではないだろうか。

【注】
1) 本シンポジウムは、JSPS科学研究費補助金「特別なニーズをもつ子どもへの教育・社会開発に関する比較研究」(基礎研究(A)、課題番号23252010、2011〜2015年度、研究代表者:黒田学)に基づき、特別なニーズをもつ子ども(とりわけ知的障害を中心とする障害児)への教育および社会開発(福祉、医療、就労、社会参加)の動向と課題に基づき、長野県飯田市における特別支援教育とインクルーシブ教育に関する取り組みに焦点を当て、日本における到達点と課題を検討するために開催された。

総合考察

総合考察

アジア・日本における障害者の尊厳性の確保とインクルーシブ社会構築に向けた課題

黒田 学

　ここでは、本書全体の総合考察として、アジア・日本における障害者施策の動向と課題を障害者権利条約の趣旨に沿って考察するとともに、障害者の尊厳性の確保とインクルーシブ社会構築に向けた課題を検討したい。

1．障害者権利条約とアジア・日本

(1)障害者権利条約への道のりと教育条項の意義

　国連における障害者の権利保障への取り組みを振り返ると、1970年代から1990年代にかけて、「知的障害者の権利に関する宣言」（1971年）、「障害者の権利宣言」（1975年）、「国際障害者年」（1981年）、「障害者に関する世界行動計画」（1982年）、「国連・障害者の十年」（1983～1992年）、「子どもの権利条約」（1989年）、「障害者の機会均等化に関する基準規則」（1993年）が定められてきた。世界人権宣言（1948年）以来、人一般の基本的人権の保障から、障害児者の権利保障へと、障害に起因する困難さと特別なニーズに対応した具体的な権利の保障が明示されてきた。

　このような障害者の権利保障を拡大してきた背景、考え方には、デンマーク

のバンク・ミケルセンが提唱したノーマライゼーションの思想があり、国際障害者年のテーマである「完全参加と平等」、さらには誰も排除しない社会の構築というインクルーシブ概念がある。また、世界保健機関（WHO）で議論されてきた障害概念の科学化（「国際障害概念ICIDH」1980年、「国際生活機能分類」2001年）も大きな影響を与えた[1]。障害の階層性や参加（参加制約）を基軸とした障害の捉え方は、障害を単に個人レベルで把握するのではなく、障害者を差別し排除する社会の問題性を顕在化させ、医療・教育・福祉・都市計画等、社会のあり方そのものを問うことになった。それらの考え方を集大成し、障害者の基本的人権を総合的に保障しようというものが、2006年12月に国連総会で採択された障害者権利条約（2008年5月発効）といえよう。条約起草の過程では、世界の障害者団体、障害当事者が、「私たちのことを、私たち抜きに決めないで（Nothing About Us Without Us）」というスローガンを掲げて参加した。

　障害者権利条約において、とりわけ先進性を持つ概念が「合理的配慮」（と合理的配慮の否定としての障害に基づく差別）である。同条約第2条には、「合理的配慮」が「障害者が他の者との平等を基礎として全ての人権及び基本的自由を享有し、又は行使することを確保するための必要かつ適当な変更及び調整であって、特定の場合において必要とされるものであり、かつ、均衡を失した又は過度の負担を課さないものをいう」と定義されている。

　この合理的配慮を理解する上で、重要な原則のひとつは「差異の尊重並びに人間の多様性の一部及び人類の一員としての障害者の受入れ」（第3条一般原則(d)）であり、教育権の保障（第24条）においても、権利の実現にあたって「個人に必要とされる合理的配慮が提供されること」として定められている。

　その教育条項（第24条）をさらに敷衍すれば、教育についての障害者の権利を定め、あらゆる段階のインクルーシブな教育制度及び生涯学習を確保すること、「障害に基づいて一般的な教育制度から排除されないこと及び障害のある児童が障害に基づいて無償のかつ義務的な初等教育から又は中等教育から排除されないこと」を確保することを締約国に求めている。そして、先述した合理的配慮の提供もまた締約国は確保しなければならない。

　インクルーシブ教育の保障をより具体的に述べるならば、物的環境整備や人的配置等の教育条件、教育内容（カリキュラム）において、障害や特別な教育

的ニーズに対応した「必要かつ適当な変更及び調整」を行うことになる。障害や発達に応じた「移行期教育や教育年限の延長」(坂井清泰論文)、学校生活から社会生活への移行も課題となろう。そして何よりも、「インクルーシブ教育は通常教育の変革」、「多様な子どもたちが共に生活・学ぶ学校づくり」(清水貞夫論文)というように、「差異の尊重並びに人間の多様性」を前提にした一般教育制度の改革が必要となろう。さらに、基礎自治体単位で、特別な教育的ニーズに対応した教育・医療・福祉・雇用・社会参加の総合的な支援と保障、出生時から青年・成人期、高齢期に至るまでのライフステージに応じた切れ目のない総合的な支援体制と計画が必要である。「飯田市のインクルーシブ教育」(一井崇論文)の取り組みはその具体例の一つと言えよう。

　また、日本におけるインクルーシブ教育の課題が、「教育課程行政が旧態依然としており、インクルーシブ時代の個々の子どものニーズに合わせて教育内容、指導方法を柔軟に構成することへの配慮がまったくない」(石垣雅也・窪島務論文)という指摘は、インクルーシブ教育の根幹、まさに学校教育改革そのものを問うている。さらに、「高等教育・大学における発達障害学生支援」との関連では、「学生が自分とは異なる感性や感覚をもちながら同じ社会に生きている人たちが多数いることを自覚し、それを認めて協力し合える力を育てていくこと」(藤井克美論文)が、発達障害を含めた障害学生が大学で学ぶ意義であり、同時に現代の大学教育の本質的な課題となっている。

⑵アジア太平洋地域の「後進性」と施策の課題

　本書の冒頭(「刊行にあたって」)でも述べたように、アジアにおける障害者施策は、国連アジア太平洋経済社会委員会(ESCAP: Economic and Social Commission for Asia the Pacific)「アジア太平洋障害者の十年(1993～2002年)」の取り組み以降、着実な歩みを示し、アジア太平洋地域の諸国は、障害者の完全参加と平等の実現に向けて、国際協力を通じて障害者施策に取り組んできた。さらに、2002年、アジア太平洋地域の障害者のための、インクルーシブで、バリアフリーな、かつ権利に基づく社会に向けた行動のための「びわこミレニアム・フレームワーク(BMF)」が採択され、2012年にはさらに10年の延長を定め、BMFに代わる次の「十年」(2013～2022年)の行動計画として「インチョン

仁川戦略」を採択した[2]。

「インチョン仁川戦略」には、10の目標が定められているが、特に、貧困の削減と雇用の機会向上（目標1）、社会保護の強化（目標4）、早期介入と早期教育（目標5）は、アジア太平洋地域における障害者の置かれた状況を反映している。すなわち、障害者は障害があるために就学の機会を得ることができず、障害者福祉制度の未整備と労働市場からの排除により、貧困な状態から抜け出せないという、いわゆる「貧困の連鎖」に追いやられている。

またアジア太平洋地域には開発途上国が多く、財政的裏付けを持った教育や社会福祉の実現、障害者施策の推進が困難である。とりわけ、開発途上国では、EFA（「すべての人に教育を（Education for All）」）に基づいた障害者の全員就学が未達成という極めて深刻な状況にあるなかで、インクルーシブ教育をどのように実現していくのか注目するところである。言い換えれば、「EFA：就学率の向上」という量的課題と、「インクルーシブ教育：多様性に基づく学校教育の改革」という質的課題の両側面をターゲットにした施策の推進、誰も排除しないインクルーシブな社会の構築が問われているといえよう。なお、本書では触れることができなかったが、就学前教育や早期介入の取り組みは、就学率の向上に大きな影響を与えている。

「重複ケア・医療的ケアの役割と教育」（田村和宏・武分祥子論文）といった重症心身障害児、医療的ケア児に対する教育については、日本においても課題の一つであるが、基礎的医療、医療技術そのものに課題を持つ開発途上国においては障害児の生存レベルの問題であることも念頭に置いておかねばならない。

このようなアジアの「後進性」を抱えながらも、アジア太平洋地域の諸国は、この10年にわたって、障害者権利条約の署名、批准を進めてきた。各国は、障害者権利条約に従ってさらに積極的な施策を推進することが課題であり、法的拘束力を持った国際的スタンダードへ果敢に挑戦しなくてはならない。

(3) 「障害者権利条約」履行への課題

本書は、ベトナム、タイ、モンゴル、ネパール、カンボジアおよび日本というアジア諸国を対象に、調査報告ならびに理論研究、実践研究から構成されている。日本および日本以外のアジアの諸国と捉えれば、それぞれの置かれてい

る障害者施策の状況と課題には、明確な相違がある。教育については、日本においては全員就学が達成されているが、日本以外の国々は未達成であり、障害児教員養成課程等の専門家養成にも大きな隔たりがある。また母子保健制度、保健サービス（第25条）、障害の早期発見や早期療育、障害者福祉制度（第26条、第28条）、障害者雇用制度（第27条）等についても量、質ともに隔たりがある。

　もちろん日本の障害者施策は、ヨーロッパ諸国に比べれば、様々な課題を抱えており「先進的」とは言い難い側面や歴史を持っている。例えば、日本における全員就学について、1979年の養護学校教育義務制実施まで、障害児に対する「就学猶予、就学免除」が行われていた。その背景には、当時の教育施策が障害のある子どもたちに対する教育の可能性、学校教育の積極的な意味を認めず、1960年代の日本の教育政策は、能力主義が強められ、いわゆる「人的能力開発政策」によって「高度経済成長」を担うハイタレントな人材育成、投資効率に従った教育投資に焦点が当てられており、障害のある子どもたちへの教育のもつ価値が貶められていたのである[3]。現代日本においても、このような競争的価値観、能力観が幅を利かせることで、障害者の能力を一面的に評価し、低価値なものと見なし、障害者の人格と尊厳を貶めている。後述する相模原障害者施設殺傷事件（2016年7月）では、19人の障害者を殺害し、27人に重軽傷を負わせた容疑者は「障害者なんていなくなればいい」「障害者は生きている意味がない」と供述しているという。

　この点から現代の日本以外のアジア諸国を俯瞰すれば、各国の教育政策は経済成長の優先と技術革新を背景にした競争主義や能力主義に基づく教育、ハイタレントな人材育成に力点が置かれており、障害児教育が後景に追いやられ、あたかも日本と同じ道を歩んでいるようでもある。日本を含め、障害者の生命（第10条）、権利や尊厳性が確保されているのか、「社会全体の意識の向上」（第8条）にも大きな課題があるといえよう。

　日本における障害者施策の問題性については、1990年代以降のいわゆる「新自由主義」政策と連関している。社会福祉の「基礎構造改革」と市場化路線が進められ、国の財政支出の縮小と国民の自己責任、応益負担を強く求めてきた。同時に進められてきた地方分権化は、国民の生活諸課題の解決とその財政負担を基礎自治体に転嫁してきたのである。2006年の障害者自立支援法[4]は、この

ような「構造改革」路線を踏襲するものであり、障害が重いほど利用者負担が増加するという応益負担を求めた。さらに、子どもの貧困や生活格差が「構造改革」の進行とともに拡大し、深刻化するとともに、貧困と障害との関連も社会問題として顕在化してきた。

　また、「文化的な生活、レクリエーション、余暇及びスポーツへの参加」（第30条）、文化的な生活に参加する権利の保障は、日本を含めアジア共通の課題である。日本では、2020年の東京パラリンピックを控え、障害者スポーツへの注目が徐々に高まってきていると言え、競技スポーツに偏っていることに加え、障害者が利用可能なスポーツ施設や活動団体が少なく、参加の機会が制約されている。また、学齢期の障害のある子どもに対して、2012年度から放課後等デイサービスが制度化され、2016年には事業所数が9千カ所を超え、15万人近い利用者数へと拡大しているが、事故や事件、虐待、公費の不正請求などの様々な問題が生じており、活動の質の向上や制度の改善が課題となっている。

　さらに、「障害者の個人の移動」（第20条）、「アクセシビリティ」（第9条）については、日本では近年、障害者の鉄道駅での転落事故とホームドア設置問題が「障害者を含め社会の誰もが移動しやすい交通環境の構築」（野村実論文）に向けた施策の課題を明確にしている。日本以外のアジア諸国では、公共交通機関の未整備によって容易に移動することが困難であり、モータリゼーションに伴う交通事故が多発し、事故による障害の発生といった課題も大きい。

　しかしながら、このような障害者の権利保障を縮小させる後進性を持った施策や障害者問題に対して、障害者運動が施策の問題性や問題の本質を解き明かし、国民世論に粘り強く問いかけているプロセスにも注目すべきである。その点で、日本以外のアジア諸国では、障害者団体が結成されていない、あるいは一部の障害に限定された運動（例えば、ベトナムでは障害者の全国組織は盲人連合会のみ）に留まっているなど、障害者運動が障害者施策全般を改善させる力に十分になり得ていないという課題がある。その背景に、障害者の教育保障が不十分であること、そのために障害者自身や家族のエンパワーメントが発揮されていないことが挙げられよう。また、障害者の政治参加（第29条）や民主主義そのもののあり方、能力主義と効率主義という近代社会の論理に対峙する民主的規制を含めたガバナンスが問われている。

２．障害者の尊厳性の確保とインクルーシブ社会構築に向けて

(1)社会的排除と障害者

　本研究叢書の第２巻、「刊行にあたって」で記したように、本研究は、障害児者の教育と福祉の課題を「排除と包摂」の文脈から検討しており、インクルーシブ教育推進の課題は、インクルーシブ社会の構築という壮大なテーマに連なるものである。就学権保障（義務教育の保障）、就労・雇用と生活保障、社会参加の推進という文脈からは、障害者権利条約採択と各国の批准に至るまで、障害者運動による粘り強い闘いと各種施策の実現という長い歴史的経過を必要とした。それは、社会的排除に対する闘いであるが、障害者の社会への包摂、インクルーシブ社会の構築には、何れの国においても様々な課題を抱えている。

　貧困・格差と障害との関連は、開発途上国だけでなく先進国の障害者にとっても根強い問題である。障害者の労働力は労働市場において低位に見積もられ、障害者は労働市場から排除されやすく、経済的社会的困難にさらされてきた。なかでも、知的障害をもつ人や障害が重い人ほど排除の傾向は強まり、障害者施策が不十分なほどに障害者の生活そのものが成り立たなくなる。

　1990年代以降、ヨーロッパを中心に先進国における生活保障や貧困対策は、「福祉から就労へ」という社会政策の転換（移行）がなされてきた。この政策転換は、アクティベーション、積極的労働市場政策（フレキシキュリティ）とも言われ、最低限度の生活保障への財政負担を軽減し、貧困層を租税負担者として就労させ、彼らの経済的自立を図ろうというものである。2007年にEUが発表した「フレキシキュリティの共通原則」、その後の「欧州2020」によって、「福祉から就労へ」の政策は、EU諸国の社会政策の基調となり、「欧州社会モデル」の重要な要素として展開してきた[5]。しかしながら、「福祉から就労へ」の流れは、障害者や移民、難民など、労働市場に参入しにくい人たちにとって、最低生活保障、社会保障の対象からも排除される危険性をもつ[6]。また、先進国では産業構造が高度化し、サービス産業や知識集約型産業に対応する労働力を必要とし、知的発達やコミュニケーション能力に障害や困難がある場合、労働市場への参入は一層困難である。障害者の労働市場への参入に特化されない多様な働き方やディーセントワーク（働きがいのある人間らしい仕事）を保障するとと

もに、障害者福祉の充実や就学年限の延長、中等教育の質の確保が課題である。
　したがって、この社会政策の転換は、2008年のリーマンショックによる経済危機を契機とした緊縮財政を背景として、先進国における新自由主義経済の強化と福祉国家体制の弱体化という現状では、社会的排除をかえって強化することに繋がりかねない。

(2)相模原障害者施設殺傷事件から障害者の尊厳を考える

　2016年7月に起こされた相模原障害者施設殺傷事件は、相模原市の知的障害者施設「津久井やまゆり園」で、元施設職員の容疑者によって19人の障害者が殺害され、27人が重軽傷を負った。同容疑者は、同年2月、同施設の職員に「重度の障害者は生きていてもしかたない。安楽死させたほうがいい」と述べ、その後の措置入院中には、「ヒトラーの思想が2週間前に降りてきた」と述べたと報道されている[7]。
　この事件の容疑者がいうヒトラーの障害者安楽死計画は「T4作戦」と呼ばれ、1940年1月から1941年8月まで、ドイツ国内の6つのガス施設において、70,273人の障害者が殺害された。1941年8月にいったん中止命令が出されたものの1942年8月に再開され、第二次世界大戦末まで、ドイツ国内で20万人以上、ナチス占領下の東欧を含めると30万人以上の障害者が殺害されたという。この計画は、ホロコーストよりも約2年前に開始され、ドイツ国家の人種的な「優越性」を示すための優生政策であり、障害者を「生きるに値しない命」と考えたとされている[8]。
　本研究叢書の第2巻で紹介したように、ポーランド、クラクフ市にあるバビンスキー特別病院（1903年設立）では、ナチス・ドイツ支配下の1942年6月、566人のすべての患者（精神障害者）が、ナチスによって殺戮された[9]。
　ナチスは、この「T4作戦」による障害者虐殺に加え、双生児や疾病・障害のある子ども等への人体実験を行い、その背景には、「遺伝病子孫予防法」（1933年7月公布）があり、本法はナチスの優生思想を体現し、強制断種・不妊手術（推定40万人）が行われた[10]。
　相模原障害者施設殺傷事件の容疑者は、この70数年前に引き起こされたナチス・ドイツの蛮行をなぜ想起し、犯行に及んだのか、その直接的な真相解明は

捜査と裁判によって明らかにされることであろう。しかし、現代日本において、ナチスの安楽死計画「T4作戦」や優生思想が障害者殺害の動機とされることは、障害者の尊厳に対する大きな脅威である。事件発生後、障害当事者や家族、関係者に大きな動揺や不安が広がり、様々な障害者団体が声明を発している[11]。それは、未曾有な惨劇というに留まらず、日常的な障害者に対する差別や偏見、虐待が絶えない社会状況に加え、2016年4月に障害者差別解消法が施行された直後の事件であったからであろう。

障害者差別解消法は、障害者が「基本的人権を享有する個人としてその尊厳が重んぜられ、その尊厳にふさわしい生活を保障される権利」を持ち、「障害を理由とする差別の解消を推進し、もって全ての国民が、障害の有無によって分け隔てられることなく、相互に人格と個性を尊重し合いながら共生する社会の実現に資する」という目的として、「差別的取り扱いの禁止」「合理的配慮の提供」などを定めている[12]。

先述したように、障害者の労働力は労働市場において低位に見積もられ、特に知的障害者や重度障害者ほど排除の傾向は強まり、経済的社会的困難にさらされて生活そのものが成立しない状況がある。きょうされんによる「障害のある人の地域生活実態調査報告書」（2016年5月）[13]によれば、「障害のある人の81.6％が、相対的貧困以下の生活」（年収122万円以下）、「ワーキングプア以下の障害のある人は98.1％」（年収200万円以下）であり、さらに「生活保護の受給率は、国民一般の6倍以上」であるという。また、親との同居割合は、40歳代前半までは5割を超えており、親を中心とした家族に依存しており、一人暮らしの難しさが指摘されている。このように障害者は、その置かれた経済的側面だけを見ても、「社会の最下層に置き去りにされた人々」（同報告書）とされ、社会から排除されていると捉えることができよう。

2016年1月、日本政府は、「障害者の権利に関する条約 第1回日本政府報告（日本語仮訳）」を発表し、パブリックコメントを募集した。日本は、2014年1月に同条約を批准したことにより、批准から2年以内（2016年2月）に、国連・障害者権利委員会に対して、条約の履行状況を報告する義務（条約第35条）があるが、同年6月に政府報告書をようやく提出した。政府報告書は、障害者施策関連法の整備状況を網羅的に報告しているが、施策の実態や施策の問題点を

反映したものになっていない。政府報告に対するカウンターレポートとして、民間ベースのパラレルレポートの作成が進められている[14]。

障害者権利条約や障害者差別解消法等の趣旨に沿って、現代日本の障害者施策の在り方、その問題性を、実態に基づいて顕在化するとともに、「誰も排除せず、置き去りにしない社会」、インクルーシブ社会の実現に向けた課題が切実な問題として突きつけられている。

(3)社会的結束の現代的意味とインクルーシブ社会の構築

インクルーシブ社会構築の基礎条件は、現代社会における競争と格差、社会的排除の進行に対抗することと言えよう。障害者に対する排除は、先述したナチスによるホロコースト、大量殺戮に典型的に示される。その文脈で、ジークムント・バウマンは、ホロコーストが近代合理主義、官僚制度の産物であると次のように指摘している。「非人間化は近代官僚制度の最大の本質である合理化傾向と切っても切り離せない」、「大量殺戮の実行に不可欠とされる技術的要素は、近代化プロセスのなかで発展した官僚的行動様式がすべてを含んでいた」[15]と述べており、近代社会の持つ危険性を指摘している。したがって、競争と排除を合理化し政策化する官僚主義のもつ野蛮な本性に対峙することが、インクルーシブ社会構築の必須条件となろう。

今日の新自由主義政策は、市場原理と競争原理を背景とした自己責任の強調を基礎に、「排除と包摂」という、あたかも「硬貨（コイン）の両面」のような不安定な状態に人々を晒している。人々は自己責任が果たせる限りでは社会に一定「包摂」されるが、失業等社会的困難に直面し自己責任を果せなくなると途端に「排除」へと追いやられる。「排除と包摂」の関係について、吉原直樹は、グローバリゼーションを背景に「国民国家の揺らぎとともに排除と包摂が（国民国家の）円環の構造に解消／回収」されず、「コミュニティにおいてその矛盾する構造が表面化する」[16]と指摘し、また、水島治郎は、「排除と包摂」に「参加」の概念を加え、「いわば『参加』を軸とした包摂と排除の両面を通じて、ポスト近代社会の競争戦略が推進され」、「『排除』と『包摂』は、実はコインの裏表の関係にあった」[17]と論じている点は興味深い。このことは例えば、障害者は労働市場において一定の労働力として評価される限りでは労働市場に「参加」

「包摂」されるが、特に知的障害、重度障害に顕著であるが、労働力として評価されない場合には、労働規制（障害者雇用促進法等）がなくては労働市場から容易に「排除」されるのである。

　また、インクルーシブ社会の構築は、2015年9月に、国連総会で採択された「持続可能な開発目標（SDGs）」（「持続可能な開発のための2030アジェンダ」）[18)]においても志向されている。そのスローガンは「誰ひとり取り残さない」（leaving no one left behind）というものであり、「貧困の撲滅」など17の目標、169のターゲットから構成されている。目標4には教育に関する目標が記され、「2030年までに、障害のある人、先住民、脆弱な状況にある子どもたちを含む、脆弱な人々に対する教育におけるジェンダー格差を排除し、すべてのレベルの教育と職業訓練への平等なアクセスを確保する」（目標4.5）こと、「子ども、障害者、ジェンダーに配慮した教育施設を構築、改善し、すべての人に安全で非暴力的、包括的、効果的な学習環境を提供する」（目標4.a）ことを掲げている。また、目標8には労働・雇用に関する目標が記され、「2030年までに、青少年や障害者を含むすべての男女の、完全かつ生産的な雇用とディーセントワーク、同一労働同一賃金を達成する」（目標8.5）としている。

　さらに、インクルーシブ社会の構築には、社会的連帯や社会運動のもつ役割が大きく、次の3つの概念がキーワードとなる。第1は文化的多様性（cultural diversity）、第2は社会的包摂（social inclusion）、第3は社会的結束（social cohesion）である。

　文化的多様性は少数者の尊厳、異なる価値観やアイデンティティに基づく社会形成の基礎をなすものであり、社会的包摂は社会的に排除された人々の諸権利を回復し、社会的孤立や排除のない平等で民主的な社会関係を志向し、社会的結束は多様な個人や集団が自由な意思に基づいて社会に参加し連帯することを意味している。とりわけ、社会的結束は、EUやOECD（国際開発協力機構）において、貧困の撲滅や雇用の拡大を前提とした社会的結束政策として、政策の枠組みとして位置づけている。EUでは、1986年の単一欧州条約以来、結束政策を掲げており、その一つに結束基金（Cohesion Fund）という名称で、加盟国に対して交通・環境インフラ、エネルギー効率・再生エネルギーへの投資などを促進している。OECDでは、社会的結束は、それ自体が目的であるとともに、

開発手段ともなることを定義し、開発政策、雇用、社会保障等に関わって社会的結束の意味を詳細に分析し、提起している[19]。

したがって、国際社会の動向を踏まえれば、排除の社会から包摂の社会への転換、すなわちインクルーシブ社会の構築は、障害分野に留まらない国際社会に共通する包括的な課題である。そのような観点から改めてアジア・日本における障害者施策の動向と課題を捉えるならば、貧困と格差の拡大を押しとどめ、障害児者の生存と発達、尊厳の確保、社会参加の促進という発達保障の基礎条件を強固にすることが求められている。

【注】
1) 上田敏「障害者の人権保障と障害概念」『障害者問題研究』全国障害者問題研究会、第43巻第4号、2016年、pp.38-46。
2) 「アジア太平洋障害者の10年（2013-2022）に関する閣僚宣言、およびアジア太平洋障害者の『権利を実現する』インチョン戦略（JDF仮訳）」、障害保健福祉研究情報システム、日本障害者リハビリテーション協会 情報センター（http://www.dinf.ne.jp/doc/japanese/twg/escap/incheon_strategy121123_j.html、2016年11月30日閲覧）。
3) 経済審議会答申「経済発展における人的能力開発の課題と対策」（1963年）。当時の能力主義教育政策については、乾彰夫『日本の教育と企業社会――一元的能力主義と現代の教育』大月書店、1990年が詳しい。
4) 障害者自立支援法（2006年施行）は、「年齢を超えた福祉サービスの総合化」として、児童福祉法に規定された障害児分野の事業・サービスを規定したが、発達期にある「子どもの福祉」という特性と相容れないこと、その矛盾が指摘されるとともに、応益負担反対を含め反対運動が展開された。自立支援法違憲訴訟における原告と国との間での「基本合意文書」（2010年1月）が締結され、障害者制度改革の議論、「骨格提言」（2011年8月）を経て、障害者自立支援法と児童福祉法の改正、障害者総合支援法の制定がなされた。
5) 宮寺由佳「スウェーデンにおける就労と福祉――アクティベーションからワークフェアへの変質」『外国の立法』国立国会図書館、236号、2008年6月（http://www.ndl.go.jp/jp/diet/publication/legis/236/023617.pdf、2016年10月31日閲覧）、鈴木尊紘「EU 欧州議会の貧困対策」『外国の立法』国立国会図書館、237-2号、2008年11月（http://www.ndl.go.jp/jp/diet/publication/legis/23702/02370203.pdf、2016年10月31日閲覧）、柳沢房子「フレキシキュリティ――EU 社会政策の現在」『レファレンス』国立国会図書館、2009年5月、（http://www.ndl.go.jp/jp/diet/publication/

refer/200905_700/070006.pdf、2016年10月31日閲覧)、廣瀬真理子「福祉国家改革における『現代化』と『活性化』について」田中浩編『EUを考える』未来社、2011年、pp.113-119、アントワーヌ・ドゥノール『欧州統合と新自由主義』論創社、2012年、pp.198-207、福原宏幸・中村健吾・柳原剛司『ユーロ危機と欧州福祉レジームの変容』明石書店、2015年、pp.14-29を参照した。

6) 日本においても、障害者自立支援法（2006年）が一般就労への移行を重視するものであり、障害者総合支援法（2013年）に引き継がれている。

7)「時事通信」(2016年7月28日付)、「ハフィントンポスト」(2016年7月28日付)など。

8)「安楽死プログラム」、United States Holocaust Memorial Museum, Washington, DC (https://www.ushmm.org/wlc/ja/article.php?ModuleId=10005200、2016年12月20日閲覧)。藤井克徳「この国に生まれてよかった、この時代に生きててよかった～第2回戦争と障害者」『みんなのねがい』全障研出版部、2016年5月号。

9) 黒田学編『ヨーロッパのインクルーシブ教育と福祉の課題』クリエイツかもがわ、2016年、p.142。

10) 歴史学研究会編『講座世界史8戦争と民衆—第二次世界大戦』東京大学出版会、1996年、pp.283-286. 川越修『社会国家の形成—20世紀社会とナチズム』岩波書店、2004年、pp.155-173. Suzanne E. Evans, FORGOTTEN CRIMES, Ivan R. Dee, Publisher, USA, 2004.

11) 例えば、全国手をつなぐ育成会連合会（2016年7月26日付）は、「事件の容疑者は、障害のある人の命や尊厳を否定するような供述をしていると伝えられています。しかし、私たちの子どもは、どのような障害があっても一人ひとりの命を大切に、懸命に生きています。そして私たち家族は、その一つひとつの歩みを支え、見守っています。事件で無残にも奪われた一つひとつの命は、そうしたかけがえない存在でした。」「国民の皆様には、今回の事件を機に、障害のある人一人ひとりの命の重さに思いを馳せてほしいのです。そして、障害の有る無しで特別視されることなく、お互いに人格と個性を尊重しながら共生する社会づくりに向けて共に歩んでいただきますよう心よりお願い申し上げます」（抄）という声明を出している。

12) 障害者差別解消法、内閣府「障害を理由とする差別の解消の推進」(http://www8.cao.go.jp/shougai/suishin/sabekai.html、2017年1月10日閲覧)。

13) きょうされん「障害のある人の地域生活実態調査報告書」(2016年5月) (http://www.kyosaren.or.jp/wp-content/themes/kyosaren/img/page/activity/x/x_1.pdf、2017年1月10日閲覧)。

14)「障害者の権利に関する条約 第1回日本政府報告（日本語仮訳)」は外務省のホームページに掲載されている (http://www.mofa.go.jp/mofaj/files/000171085.pdf、2017年1

月10日閲覧）。日本障害者協議会（JD）は、パブリックコメント募集に答え意見を述べており、「障害者権利条約のパラレルレポートに関する資料」（2016年7月21日現在）を公表している（http://www.nginet.or.jp/jdprrp/、2017年1月10日閲覧）。
15) ジークムント・バウマン（森田典正訳）『近代とホロコースト』大月書店、2006年、pp.133-134。
16) 吉原直樹『コミュニティ・スタディーズ』作品社、2011年、p.43。
17) 水島治郎『反転する福祉国家』岩波書店、2012年、p.210。
18) SDGsは「貧困の撲滅」など17の目標、169のターゲットからなる（https://sustainabledevelopment.un.org/sdgs）。日本政府仮訳は以下のURL（http://www.mofa.go.jp/mofaj/files/000101402.pdf）を参照。
19) OECD開発センター『OECD世界開発白書2〜富のシフト世界と社会的結束』明石書店、2013年。

[執筆者一覧]

編者：黒田　学（くろだ　まなぶ）　立命館大学産業社会学部教授。障害児福祉、地域福祉。1963年生まれ。主な著書、黒田学・よさのうみ福祉会編『福祉がつなぐ地域再生の挑戦―自治体と歩む障害者福祉の可能性』（クリエイツかもがわ、2012）、『ベトナムの障害者と発達保障』（文理閣、2006）など。

小西　豊（こにし　ゆたか）　岐阜大学准教授。比較経済体制論、ロシア経済。1965年生まれ。主な著書（共著）、『ロシアの障害児教育・インクルーシブ教育』（クリエイツかもがわ、2015）、『現代ロシア経済論』（ミネルヴァ書房、2011）など。

武分祥子（たけぶ　さちこ）　飯田女子短期大学教授。社会学、老年看護学、1969年生まれ。主な著書（共著）、「ベトナムでの赤十字社の障害児・者支援活動に関する調査研究」（『飯田女子短期大学紀要』2015）など。

ディン・グエン・チャン・トゥ（Ms. Dinh Nguyen Trang Thu）　ハノイ師範大学特別教育学部講師。1980年生まれ。主な著書、Dinh Nguyen Trang Thu（2016）, Situation of equipping communication skills for students students with with intellectual disabilities in inclusive primary schools, Journal of Science of Hanoi National University of Education, Vol 60, No 6BCなど。

向井啓二（むかい　けいじ）　種智院大学教授。日本近現代史、教育史・社会福祉史。1954年生まれ。主な著書（共著）、『体系的網羅的一冊で学ぶ日本の歴史』（ベレ出版、2013）、『甲賀市史　第4巻―明日の甲賀への歩み―』（甲賀市、2015）など。

仲　春奈（なか　はるな）　佛教大学大学院修士課程院生。仏教学。1982年生まれ。主な著書（共著）、『ヨーロッパのインクルーシブ教育と福祉の課題』（クリエイツかもがわ、2016）など。

間々田和彦（ままだ　かずひこ）　王立プノンペン大学教育学部客員講師。視覚障害心理学。1955年生まれ。主な論文、「『カンボジア国の特別支援教育報告①～③』（筑波大学特別支援教育研究、2012～2014）、「視覚障害者による理科実験・観察から考える」（『科学』岩波書店、2002）

清水貞夫（しみず　さだお）　宮城教育大学名誉教授。障害児教育学。1940年生まれ。主な著書、『特別支援教育コーディネーター必携ハンドブック』（クリエイツかもがわ、2011）、『キーワードブック特別支援教育の授業づくり』（同、2012）『インクルーシブ教育への提言』（同）など。

石垣雅也（いしがき　まさや）　滋賀県近江八幡市立岡山小学校教諭。1974年生まれ。教科研全国委員。

窪島　務（くぼしま　つとむ）　滋賀大学名誉教授。障害児教育学、発達障害教育。1948年生まれ。主な著書、「H.Aspergerと『アスペルガー問題』－アスペルガー症候群理解の前提として－」（『滋賀大学教育学部紀要』2016）、「特別ニーズ教育の今日的課題と『インクルーシブ』教育論の方法論的検討」（『SNEジャーナル』2014）など。

藤井克美（ふじい　かつみ）　日本福祉大学教授。特別支援教育、対人援助。1946年生まれ。主な著書（共著）、「発達障害学生の支援体制構築と支援内容の課題と展望」（『障害者問題研究』2015）、「近代盲聾教育の始祖：古河太四郎」『中野善達編：障害者教育・福祉の先駆者たち』（麗澤大学出版会、2006）など。

田村和宏（たむら　かずひろ）　立命館大学准教授。障害者福祉論。1962年生まれ。主な著書（共著）、『重症心身障害児者等コーディネーター育成研修テキスト』（平成27年度厚生労働科学研究費補助金、2016）、『未来につなぐ療育・介護労働』（クリエイツかもがわ、2014）など。

坂井清泰（さかい　きよやす）　大阪電気通信大学教授。障害児教育学。1952年生まれ。主な著書（共著）、「精神発達遅滞者の青年期と教育（1）」（『大阪電気通信大学研究論集　人間科学編』第11号、2009）、『青年期の進路を拓く　発達保障の進路指導』（かもがわ出版、1999）など。

野村　実（のむら　みのる）　立命館大学院博士課程後期課程院生、日本学術振興会特別研究員（DC2）。地域社会学、交通政策論。1990年生まれ。主な著書（共著）、『ヨーロッパのインクルーシブ教育と福祉の課題』（クリエイツかもがわ、2016）、「都市部における生活ニーズに応じたコミュニティ交通の役割」（『立命館産業社会論集』2016）など。

一井　崇（いちい　たかし）　立命館大学院博士課程後期課程院生。障害者福祉、地域福祉。1973年生まれ。主な著書（共著）、『ヨーロッパのインクルーシブ教育と福祉の課題』（クリエイツかもがわ、2016）など。

本書は、JSPS科学研究費補助金「特別なニーズをもつ子どもへの教育・社会開発に関する比較研究」（基盤研究（A）課題番号23252010、2011年度～2015年度、研究代表者：黒田学）（https://sites.google.com/site/snesd20112015/home）に基づいている。

「世界の特別ニーズ教育と社会開発」シリーズ 4
アジア・日本のインクルーシブ教育と福祉の課題
ベトナム・タイ・モンゴル・ネパール・カンボジア・日本

2017年7月31日　初版発行

編　者　Ⓒ黒田　学

発行者　田島 英二　info@creates-k.co.jp
発行所　株式会社 クリエイツかもがわ
　　　　〒601-8382　京都市南区吉祥院石原上川原町21
　　　　電話 075(661)5741　FAX 075(693)6605
　　　　ホームページ　http：//www.creates-k.co.jp
　　　　郵便振替　00990-7-150584
印刷所　モリモト印刷株式会社

ISBN978-4-86342-215-5 C0037　　　　　printed in japan

「世界の特別ニーズ教育と社会開発」シリーズ1　黒田 学／編

ロシアの障害児教育・インクルーシブ教育

障害者権利条約の批准（2012年）、ソチ・オリンピック・パラリンピックを契機に障害者施策も大きな変化。

多くの専門家との研究交流、障害児教育・インクルーシブ教育の理論、モスクワでの質的調査から学校現場の実践の変化を見る。

定価 本体1600円＋税

特別なニーズをもつ子どもへの教育・社会開発に関する比較研究 1

CONTENT

論　文●ロシア連邦における障害児教育——現代の課題に対する近年の動向
　　　　ロシアから見た自閉症
　　　　ヴィゴツキー理論と障害児教育分野の教育水準
　　　　ロシアにおける特別支援教育領域における発達研究と
　　　　　実践に対するヴィゴツキーの影響
　　　　ヴィゴツキーの障害児教育論と現代ロシアの教育
　　　　ロシアの自閉症研究と実践の現状と可能性
調査研究●ロシアの障害児教育・インクルーシブ教育の実情と課題
文献解題●ユニセフ『世界子供白書2013　障がいのある子どもたち』

「世界の特別ニーズ教育と社会開発」シリーズ② 黒田 学／編

ヨーロッパのインクルーシブ教育と福祉の課題

財政危機と難民問題で揺れる
ヨーロッパの各国が

障害者権利条約の思想や各条項を、どのように現実のものとして達成させていくのか、その変化の兆しと諸課題を論文と調査報告から提示する。

定価 本体2000円 ＋税

特別なニーズをもつ子どもへの教育・社会開発に関する比較研究 ②
CONTENT

ドイツ	論　文●ドイツにおける教育的インクルージョンの展開 調査報告●ベルリン市オスト・リハビリテーションセンターにおける障害者支援
イタリア	調査報告●イタリア共和国エミリア・ロマーニャ州における 　　　　　障害児教育・福祉に関する調査研究 　　　　　ボローニャにおける障害児・者支援
デンマーク	調査報告●デンマークにおける特別ニーズ教育の現状と 　　　　　インクルーシブ社会への展望
ポーランド	調査報告●ポーランドにおける障害児教育・福祉の実情と課題
ロシア	短　評●ロシアの障害者施策の動向と課題

「世界の特別ニーズ教育と社会開発」シリーズ 3　黒田 学／編

スペイン語圏のインクルーシブ教育と福祉の課題

日本での先行研究が少ない
スペイン語圏の各国が

障害者権利条約の思想や各条項を、どのように現実のものとして達成させていくのか、その変化の兆しと諸課題を現地研究者の論文と調査報告から提示する。

定価 本体2000円 ＋税

特別なニーズをもつ子どもへの教育・社会開発に関する比較研究 3

CONTENT

スペイン	論 文	●スペインにおけるインクルーシブ教育 　ムリェット市における障害者へのケアとインクルージョン 　スペインの聴覚・言語障害児教育の動向と課題
	調査報告	●スペイン・カタルーニャ自治州における障害児教育・福祉、障害者雇用に関する調査研究
メキシコ	論 文	●メキシコにおける障害児教育、インクルーシブ教育の現状と待ち受ける課題
キューバ	論 文	●キューバのインクルーシブ教育の現状と直面する課題
	調査報告	●キューバ・ハバナにおける障害児教育の実情
チリ	調査報告	●チリ共和国における障害児教育・福祉に関する調査研究

● 好評既刊

行動障害が穏やかになる「心のケア」
障害の重い人、関わりの難しい人への実践　　藤本真二／著
●「心のケア」のノウハウと実践例
感覚過敏や強度のこだわり、感情のコントロール困難など、さまざまな生きづらさをかかえる方たちでも心を支えれば乗り越えて普通の生活ができる──　　2000円

自立と希望をともにつくる　　特別支援学級・学校の集団づくり
湯浅恭正・小室友紀子・大和久勝／編著
人やモノに積極的に働きかけ、希望をもって生きる力を育てようとする、子どもたちの自立への願いを理解し、希望を紡ぐ集団づくりをどう進めるかを考える。　　1800円

思春期をともに生きる　　中学校支援学級の仲間たち
加藤由紀／著　越野和之・大阪教育文化センター／編
同じ"ワケあり"の仲間の中で、お互いの強みも苦手も了解しあい、"自分"を見出す子どもたち。その自信を支えに、それぞれの課題に向き合っていく。　　2000円

「合理的配慮」とは何か？　　通常教育と特別支援教育の課題
清水貞夫・西村修一／著
「合理的配慮」は、特別支援教育のことでなく、通常教育の課題。「合理的配慮」と「サポート」を区別しないのは誤りであり、「基礎的環境整備」が十分にできてこそ、合理的配慮と言える。　　2000円

合理的配慮とICFの活用　　インクルーシブ教育実現への射程
西村修一／著
「障害者の権利に関する条約」批准・発効で、学校現場はどうなる！学校は障害のある子どもに合理的配慮を提供する義務があり、その否定は差別となる。合理的配慮を見出す有効なアセスメントツールとしてのICFの考え方、具体的方法をチェックリストと実践事例で解説。　　1800円

インクルーシブ教育への提言　　特別支援教育の革新
清水貞夫／編著
インクルーシブ教育について、障がい者制度改革推進会議の「意見」、中教審の「特・特委員会報告」は対立している。問題を明らかにし、特別支援教育の「推進」がインクルーシブ教育に至るとする誤りを批判、「真のインクルーシブ教育」実現の考え方、方法を提起。　　2000円

キーワードブック 特別支援教育の授業づくり　　授業創造の基礎知識
渡邉健治・湯浅恭正・清水貞夫／編著
授業づくりの基礎・ポイントが総合的に理解できる──
1項目2ページ見開きでわかりやすい！　全64項目。授業内容や授業展開の課題、問題点を整理し、特別なニーズのある子どもたちの発達を保障する「授業づくり」が総合的に理解でき、明日からの教育実践に役立つ、教職員、教員をめざす人の必読書、座右の書！　　2200円

キーワードブック特別支援教育
インクルーシブ教育時代の障害児教育
玉村公二彦・清水貞夫・黒田学・向井啓二／編
全128項目　3刷　1項目見開きページで基本知識を学ぶ
障害者権利条約の批准、障害者基本法、学校教育法施行令の改訂など、インクルーシブ教育に向けて、障害児教育の基本的な原理や制度、改革の動向や歴史、子どもの発達や障害種別による支援などが学べる。　　2800円

価格は本体で表示。